UTB

W0199647

Eine Arbeitsgemeinschaft der Verlage

Böhlau Verlag · Wien · Köln · Weimar
Verlag Barbara Budrich · Opladen · Farmington Hills
facultas.wuv · Wien
Wilhelm Fink · München
A. Francke Verlag · Tübingen und Basel
Haupt Verlag · Bern · Stuttgart · Wien
Julius Klinkhardt Verlagsbuchhandlung · Bad Heilbrunn
Mohr Siebeck · Tübingen
Nomos Verlagsgesellschaft · Baden-Baden
Orell Füssli Verlag · Zürich
Ernst Reinhardt Verlag · München · Basel
Ferdinand Schöningh · Paderborn · München · Wien · Zürich
Eugen Ulmer Verlag · Stuttgart
UVK Verlagsgesellschaft · Konstanz, mit UVK/Lucius · München
Vandenhoeck & Ruprecht · Göttingen
vdf Hochschulverlag AG an der ETH Zürich

Uni Tipps

herausgegeben von Helga Esselborn-Krumbiegel

In der Reihe sind bisher erschienen:

H. Esselborn-Krumbiegel:	*Richtig wissenschaftlich schreiben*
M. Herrmann u.a.:	*Schlüsselkompetenz Argumentation*
A. Limburg/S. Otten:	*Schreiben in den Wirtschaftswissenschaften*
C. Mix:	*Schreiben im Jurastudium*
E. Püschel:	*Selbstmanagement und Zeitplanung*
K. Schindler:	*Klausur, Protokoll, Essay*

Christine Mix

Schreiben im Jurastudium

Klausur – Hausarbeit – Themenarbeit

Ferdinand Schöningh

Die Autorin:

Christine Mix arbeitet als selbständige Rechtsanwältin in eigener Kanzlei, in der von ihr 2007 mitbegründeten Bürogemeinschaft Hermes & Mix in Solingen. Neben dem allgemeinen Zivilrecht liegt ihr Tätigkeitsschwerpunkt im Familienrecht. Neben dieser Tätigkeit ist sie an der Universität Bochum Lehrbeauftragte und arbeitet für das dortige Schreibzentrum als Schreibtrainerin für Jurastudenten. An der Fachhochschule Jena hat sie einen Lehrauftrag für die Bereiche Arbeits- Lern- und Präsentationstechniken. Neben diesen Lehraufträgen arbeitet sie als freiberufliche Referentin.

Online-Angebote oder elektronische Ausgaben sind erhältlich unter **www.utb-shop.de**

Bibliografische Information der Deutschen Nationalbibliothek

Die Deutsche Nationalbibliothek verzeichnet diese Publikation in der Deutschen Nationalbibliografie; detaillierte bibliografische Daten sind im Internet über http://dnb.d-nb.de abrufbar.

(Verlag Ferdinand Schöningh GmbH & Co. KG, Jühenplatz 1, D-33098 Paderborn)

Internet: www.schoeningh.de

Printed in Germany.
Herstellung: Ferdinand Schöningh, Paderborn
Einbandgestaltung: Atelier Reichert, Stuttgart

UTB-Band-Nr: 3539
ISBN 978-3-8252-3539-0

Inhalt

1. Wie schreibe ich ...?

„Wie schreibe ich eigentlich eine Klausur, Hausarbeit oder Themenarbeit richtig?“ „Was genau ist der Gutachtenstil und wie wende ich ihn an?“ „Ich habe noch keine Vorstellung davon, was Klausurentechnik ist oder wie sie funktioniert.“ Solche und ähnliche Fragen höre ich in Beratungsgesprächen oder bei Befragungen von Studenten immer wieder. Schade ist, dass diese Fragen häufig noch von Examenskandidaten gestellt werden. Das hängt nicht etwa mit mangelndem Wissen oder Faulheit der Studenten zusammen, sondern es veranschaulicht das Problem vieler juristischer Fakultäten an deutschen Universitäten. Unsere Universitäten in Deutschland legen bei der juristischen Ausbildung nach wie vor den Schwerpunkt auf die Vermittlung des juristischen Fachwissens.

Vielfach vernachlässigt wird die Ausbildung der Studenten darin, juristische Texte eigenständig schreiben zu können. Hierfür wäre es bereits zu Beginn der juristischen Ausbildung erforderlich, die dazu notwendigen Kompetenzen zu erläutern und im zweiten Schritt zu fördern.

Lange bleibt es Studenten unklar, dass sich Juristen einer Fachsprache, d.h. bestimmter Fachbegriffe bedienen. Juristen benutzen augenscheinlich „nur“ deutsche Wörter wie z.B. „Eigentum“ und keine komplizierten lateinischen Fremdwörter wie etwa die Mediziner. Es existieren jedoch viele juristische Fachbegriffe, an die ein Jurist eine ganz bestimmte Bedeutung knüpft, die ein Laie nicht verstehen kann. Juristen schreiben – insbesondere an der Universität – die Texte nicht für Laien, sondern für ein Fachpublikum.

Eine andere Kompetenz ist die Beherrschung eines anschaulichen und klaren Schreib- und Sprachstils. Hierzu gehören vertiefte Kenntnisse über Grammatik, Rechtschreibung und Stilregeln. Es gibt keine Anleitung für Studenten, wie wissenschaftliche Texte zu schreiben sind. Die vielfach von Dozenten geäußerte Ansicht, die Studenten hätten allein mit dem sprachlichen Ausdruck Schwierigkeiten, ist meines Erachtens falsch, denn tatsächlich ist es der Gutachtenstil, der nicht gelehrt und daher nicht sicher beherrscht wird. Den Studenten ist die Denkart eines Juristen zunächst nicht verständlich. Denkfehler äußern sich in juristischen Prüfungsleistungen in grammatikalisch nicht korrekten Sätzen. Behebt man das Denkproblem, behebt man auch gleichzeitig das Sprachproblem!

Es wird darüber hinaus nicht gelehrt, wie juristische Klausuren zu bearbeiten sind. Der Klausurentechnik wird im allgemeinen viel zu wenig

Beachtung geschenkt. Das führt zu der Konsequenz, dass jeder Student durch „trial and error“ mehr oder weniger frustrierende Erlebnisse mit dem Klausurenschreiben sammelt. Es wäre um ein Vielfaches einfacher, wenn man den Studenten bereits im ersten Semester erläutern würde, mit welchen Strategien eine Klausur bewältigt werden kann.

Das Verfassen von juristischen Texten ist sowohl an der Universität als auch in der Praxis ein komplexer Vorgang und daher eine Kunst für sich. Häufig besteht bei Studenten der Irrtum, dass eine Klausur, Hausarbeit oder Seminararbeit einfach aus der Feder fließen muss. Sie verkennen die Notwendigkeit, den Schreibprozess in unterschiedliche Arbeitsschritte und Aufgaben aufzuteilen. Selbst wissenschaftliche Hilfskräfte, Doktoren und Professoren schreiben nicht einfach drauflos. Mit diesem Ratgeber möchte ich Ihnen – ähnlich wie in einem Kochbuch – einen Leitfaden an die Hand geben, der Sie Schritt für Schritt auf diesen komplexen Vorgang vorbereitet. In den Kapiteln „Klausurentechnik“, „Hausarbeitentechnik“ und „Themenarbeiten“ versuche ich, Ihnen ganz konkret die einzelnen Arbeitsschritte zu erläutern und anhand von Beispielen zu verdeutlichen. Hierzu steht Ihnen auch mein Onlinematerial zur Verfügung.

Dieses Buch richtet sich an Studienanfänger und alle Studenten, die Schwierigkeiten damit haben, eine juristische Klausur, Hausarbeit oder Themen- bzw. Seminararbeit zu verfassen. Da Klausuren die relevanten Prüfungsarbeiten darstellen, liegt der Schwerpunkt des Ratgebers auf der Klausurentechnik. Sie sollen Schritt für Schritt nachvollziehen können, warum Sie was in welcher Reihenfolge machen sollen. Sobald Sie das Konzept verstanden und mehrfach angewandt haben, können Sie dieses an Ihre persönlichen Bedürfnisse anpassen. Wichtig ist nur, dass Sie wirklich alle Schritte nacheinander ausführen und keinen überspringen. Die häufigsten Fehlerquellen sind Stress und Hektik. Die Hektik resultiert meist aus dem Wunsch „schon mal etwas auf dem Papier stehen haben zu wollen“.

Das Erlernen der juristischen Schreibkunst können Sie mit dem Erlernen des Autofahrens vergleichen. Bei den ersten Fahrstunden waren Sie noch nicht so sicher und daher langsamer unterwegs. Sie mussten erst ein paar Stunden Unterricht, d.h. Hilfe in Anspruch nehmen, bevor Sie sich sicher und eigenständig im Straßenverkehr bewegen konnten. Genauso ist es auch mit dem Erlernen des juristischen Schreibens. Nehmen Sie sich hierfür ausreichend Zeit, es lohnt sich!

2. Der juristische Arbeitsprozess

Die Rechtswissenschaft ist eine **praktische Wissenschaft**. Daher sollen Sie – als Student der juristischen Fakultät – den Wissensstoff praxisorientiert erlernen, um die Fähigkeit zu erwerben, in Ihrem späteren Berufsleben konkrete rechtliche Probleme lösen zu können. Die Rechtswissenschaft soll den Studenten dazu anleiten und befähigen, in rechtlichen Entscheidungssituationen die gesuchte Entscheidung zu finden und für andere überzeugend zu begründen und darzustellen.

Die kritische Auseinandersetzung mit den Meinungen aus Literatur und Rechtsprechung und der sich daran anschließenden Lösungsfindung gehört zu den Kernkompetenzen eines Juristen. Diese Kompetenz wird Ihnen von Ihren Professoren oder von Repetitoren eingehend vermittelt. Die sprachliche Umsetzung der Lösung wirft jedoch zahlreiche Probleme und Fragen auf, z.B. wie schreibe ich eine Klausur? Begriffe wie Gutachtenstil, Subsumtion, Sachverhaltsquetsche etc. bleiben lange unklar und undefiniert. Ein Blick in die Praxis erleichtert hierbei das Verständnis der eindeutigen Regeln und Prinzipien, die Sie beherrschen müssen. Denn sobald Sie ein Verständnis für die **praktische Tätigkeit eines Juristen** entwickeln, können Sie hilfreiche Rückschlüsse für Ihre universitäre Ausbildung ziehen. Diese Erkenntnisse können Sie auf Ihre Prüfungsaufgaben übertragen, da Sinn und Zweck der universitären Prüfungen ist, Sie auf das spätere Berufsleben vorzubereiten.

2.1 Arbeitsschritte

Die Arbeit eines Juristen besteht aus mehreren Arbeitsschritten. Hierbei ist es unerheblich, ob es sich um die Tätigkeit eines Anwalts, Richters oder Unternehmensjuristen handelt, da sich diese **Arbeitsschritte auf alle juristischen Tätigkeiten übertragen lassen**. Gemeinsam ist allen juristischen Berufen, dass der Jurist mit einem konkreten Sachverhalt betraut wird, der rechtliche Fragen beinhaltet. Diese Fragen muss der Jurist korrekt beantworten, damit er seine Einschätzung zu der rechtlichen Situation abgeben kann.

Falsch ist hierbei die Annahme, dass der Jurist die Antwort wie auf Knopfdruck parat haben müsste. Denn es handelt sich um einen **Entscheidungsfindungsprozess** und jeder Prozess unterliegt eigenen Gesetzmäßigkeiten und Arbeitsschritten. Zu Beginn muss der Sachverhalt bzw. das vorliegende rechtliche Problem vollständig mit seinen Fakten und Einzelheiten ermittelt und erfasst werden. Die in Streit stehenden Fragen werden hierdurch aufgedeckt und im weiteren Arbeitsverlauf entschieden. Die sich aus der Ermittlung des Sachverhalts herauskristallisierenden Fragen kann ein Jurist nur dann sachgerecht entscheiden, wenn er zuvor die verschiedenen Meinungen aus Rechtsprechung und Literatur herausgearbeitet hat. Denn erst durch die intensive Auseinandersetzung mit den Meinungen kann eine fundierte Einschätzung der Sachlage erfolgen, so dass die eigene Bewertung des Sachverhalts und die Entscheidung der rechtlichen Fragen auf der Grundlage einer gut begründbaren und nachvollziehbaren Einschätzung gefällt werden kann. Die Entscheidung der Frage führt den Juristen zu der weiteren Aufgabe, die Entscheidung auch umzusetzen, d.h. festzulegen, was als nächstes in dieser Angelegenheit getan werden muss.

Einzelne Arbeitsschritte:

- Schritt 1: Ermittlung des zugrundeliegenden Sachverhaltes und der zu lösenden Probleme, d.h. was oder welches Problem soll gelöst werden?
- Schritt 2: Rechtlichen Lösungsansatz im Gesetz oder Rechtsinstituten finden.
- Schritt 3: Analyse der verschiedenen Meinungen aus Literatur und Rechtsprechung und Übertragung der Meinungen auf den konkreten Sachverhalt.
- Schritt 4: Entscheidung, wie das Problem zu lösen ist.
- Schritt 6: Umsetzung der Entscheidung in Rechtsgutachten, Schriftsatz, Handlungsempfehlung etc..

Um optimal auf Ihren späteren Beruf vorbereitet zu sein, müssen Sie in Ihrer Ausbildung verschiedene Kompetenzen erlernen, die in den nachfolgenden Kapiteln beschrieben werden. Darüber hinaus gibt es weitere Fähigkeiten, die Sie erlernen müssen; insbesondere die Methodik der Rechtsanwendung und die Analyse und Interpretation von Gesetzestexten. Diese Kompetenzen werden in diesem Ratgeber nicht gesondert behandelt.

2.2 Funktionsweise des Gehirns

Ich möchte Sie darauf aufmerksam machen, dass unser Gehirn während der verschiedenen Arbeitsschritte auch unterschiedlich arbeitet. So können Sie aus Ihren **Ressourcen** den größten Nutzen ziehen. Außerdem möchte ich Sie auf das Phänomen aufmerksam machen, dass es verschiedene Menschentypen gibt, nämlich den eher visuell und den eher sprachlich orientierten Typ.

Das Gehirn ist, ähnlich einer Walnuss, in zwei Teile unterteilt, die beide ihre besonderen Eigenarten haben. Die neuere Forschung geht nicht mehr von einer strikten Trennung aus, d.h. einige Studien sind vorsichtiger bei der räumlichen Zuordnung der Gehirnfunktionen. Wichtig ist hierbei, dass in jedem Menschen unterschiedliche Fähigkeiten vorhanden sind. Ob diese unterschiedlichen Fähigkeiten nun strikt der rechten oder der linken Gehirnhälfte zugeordnet werden können, spielt für unsere Betrachtung keine Rolle.

Die **linke Gehirnhälfte** ist eher der Bereich der Analyse, des linearen Vorgehens, d.h. der Schritt für Schritt Betrachtung und Bewertung. Darum wird ihr auch der Sitz der Logik und des klaren Denkens zugeordnet. Sie stützt sich auf Fakten, die sie analysiert, bevor sie ihre Schlüsse zieht, d.h. sie leitet ab.

Die **rechte Gehirnhälfte** ist eher der Bereich der Bilder. Worte sind für sie von geringerer Bedeutung, und sie zieht eine Skizze einer rein sprachlichen Erklärung vor. Hier liegt auch die Fähigkeit zu assoziieren.

Linke Gehirnhälfte	Rechte Gehirnhälfte
• Rationales Denken • Schlussfolgerungen ziehen • Logik • Analysieren • Beschäftigung mit Einzelheiten • Schrittweises Denken • Worterkennung • Linear	• Bilder • Einsatz von Fantasie und Intuition • Chaotisches und kreatives Denken • Visuell • Ideen und Einfälle • Empfänglich für Ähnlichkeiten • Betrachtung des Ganzen • Mustererkennung

Die linke Gehirnhälfte stützt sich auf Fakten, die sie analysiert, bevor sie ihre Schlüsse zieht. Sie arbeitet schrittweise, d.h. sie macht eine Sache nach der anderen. Die rechte Gehirnhälfte arbeitet assoziativ, kreativ und chaotisch. Sie kann Zusammenhänge herstellen und arbeitet ganzheitlich. Dadurch kann sie mehrere Informationen gleichzeitig verarbeiten. Durch den „Balken", der die beiden Gehirnhälften verbindet, können sie kommunizieren und erfolgreich zusammenarbeiten.

Nun gibt es Menschen, die eher in der linken oder in der rechten Gehirnhälfte zu Hause sind. Da die Welt jedoch nicht nur aus zwei Typen besteht, gibt es natürlich ganz verschiedene Ausprägungen. Wie ich bereits angesprochen habe, gibt es den eher **visuellen** und den eher **sprachlich orientierten Typ**. Der visuelle Typ funktioniert ähnlich wie ein Fernsehgerät. Er empfängt und verarbeitet Informationen in Bildern. Solchen Typen fällt es in Stresssituationen häufig schwer, die Bilder im Kopf in Sprache umzusetzen. Man kann bei ihnen häufig feststellen, dass sie sich in Stresssituationen verhaspeln oder nicht die richtigen Worte finden, bzw. die Worte auf der Zunge liegen haben, diese aber nicht aussprechen können.

Der sprachliche Typ funktioniert dagegen eher wie ein Radiogerät. Er empfängt und verarbeitet Sprache, ob geschrieben oder gesprochen. Klar ist, dass auch dieser Typ in Bildern denken kann. Jedoch ist diese Fähigkeit weitaus weniger ausgeprägt als beim visuellen Typ. Seine Schwierigkeit liegt nicht in der geschriebenen oder in der gesprochenen Sprache, sondern eher in der Kreativität. Spontane Einfälle, Ideen und Assoziationen sind nicht seine Stärke. Wie bei den Gehirnhälften gibt es auch hier keine strikte Trennung. Für die Lösung einer Aufgabe ist es jedoch wichtig zu wissen, ob der eigene Schwerpunkt bei der Verarbeitung von Informationen und bei der Erstellung der eigenen Texte eher auf Sprache oder auf Bildern liegt.

Interessant ist, bei welchem Arbeitsschritt wir in welcher Gehirnhälfte optimal arbeiten. Je nachdem, ob wir uns gerade in einem **kreativen** oder in einem **linearen Arbeitsprozess** befinden, arbeitet unser Gehirn überwiegend in der jeweils zugeordneten Gehirnhälfte.

- Schritt 1: Ermittlung des zugrundeliegenden Sachverhaltes und der zu lösenden Probleme, d.h. was oder welches Problem soll gelöst werden?
- Schritt 2: Rechtlichen Lösungsansatz im Gesetz oder Rechtsinstituten finden.

In den **ersten zwei Schritten** arbeiten wir zunächst **assoziativ**, d.h. bei der Aufnahme eines neuen Sachverhaltes vergleicht unser Gehirn automatisch den vorliegenden Fall mit den bereits gelernten oder zuvor gehörten Sachverhalten. Das bedeutet, dass wir in diesem Arbeitsschritt in der rechten Gehirnhälfte arbeiten. Dies ist eine wichtige Information, der wir uns im Kapitel 6 „Klausurentechnik" noch vertieft widmen werden.

Ab dem 3. Schritt arbeiten wir nur noch in der **linken Gehirnhälfte**. Hier arbeiten wir **schrittweise**. Ein rechtliches Gutachten ist vergleichbar mit einer Perlenschnur. Die einzelnen Gedanken sind wie die einzelnen Perlen. Es gibt keine Vermischung. Die Tatbestandsmerkmale werden nacheinander in der richtigen Reihenfolge geprüft, ob sie in dem konkreten Fall vorliegen oder nicht. Einzelheiten hierzu finden Sie im nächsten Kapitel „Grundlagen der Logik".

- Schritt 3: Analyse der verschiedenen Meinungen aus Literatur und Rechtsprechung und Übertragung der Meinungen auf den konkreten Sachverhalt.
- Schritt 4: Entscheidung, wie das Problem zu lösen ist.
- Schritt 6: Umsetzung der Entscheidung in Rechtsgutachten, Schriftsatz, Handlungsempfehlung etc..

Um effizient zu arbeiten und optimale Ergebnisse zu erzielen, ist es notwendig, diejenige Gehirnhälfte bewusst einzusetzen, die den jeweiligen Arbeitsschritt am besten erledigen kann. Zu Beginn ist es ungewohnt, an sich selbst festzustellen, wann man in den unterschiedlichen Gehirnhälften arbeitet. Als Hilfe möchte ich Ihnen folgende Übung vorschlagen:

Übung

Suchen Sie sich ein Substantiv aus. Von diesem Substantiv leiten Sie alle verwandten Begriffe ab, die mit dem gleichen Wortstamm anfangen. Das zwingt ihr Gehirn, in Reihenfolgen zu denken.

Beispiel:

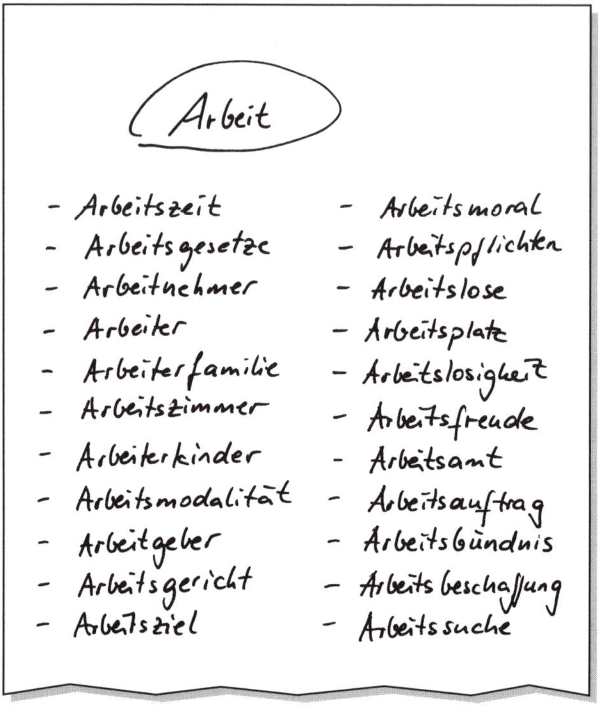

Abb.: Wortstammübung

Dagegen steht bei der Übung der freien Assoziation das kreative Denken im Vordergrund, d.h. die Arbeit in der rechten Gehirnhälfte. Damit ist gewollt, dass ihr Gehirn gerade nicht in einer Reihenfolge denkt, sondern verschiedene Vorstellungen miteinander verknüpft, von denen die eine die andere hervorgerufen hat. Dies ist eine gute Übung für Menschen, die hauptsächlich mit der linken Gehirnhälfte arbeiten, da es ihnen naturgemäß schwerer fällt, kreativ zu denken.

Übung

Suchen Sie sich ein Substantiv aus. Sie können diesen Begriff völlig frei assoziieren. Finden Sie ähnliche Begriffe oder Begriffe, die mit Ihrem Substantiv in irgendeiner Form verbunden sind.

Beispiel:

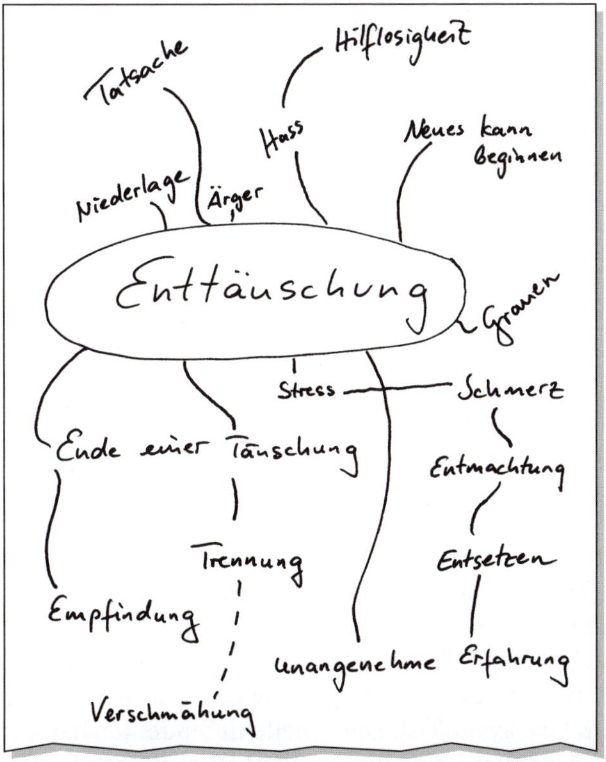

Abb.: Freies Assoziieren

Bezogen auf die ersten beiden Arbeitsschritte hilft die freie Assoziation dabei, den Sachverhalt in all seinen Facetten zu erfassen, mit ihm gedanklich zu spielen, ohne sich selbst durch juristisches Denken in dieser frühen Phase der **Sachverhaltserfassung** und der Erfassung der zugrundeliegenden Probleme unnötig einzuschränken. Durch die freie Assoziation wird der Sachverhalt lebendig, er wird zu einer nachvollziehbaren Geschichte, vergleichbar mit dem Handlungsstrang eines **Kinofilms**. Dies erleichtert den nachfolgenden juristischen Zugang zu dem Sachverhalt und die richtige Vorgehensweise bei den nachfolgenden Arbeitsschritten. Durch freie Assoziation wird der Kern des Sachverhaltes erfasst und die Gefahr wird geringer, bei der nachfolgenden schrittweisen Bearbeitung des Sachverhaltes das Wesentliche außer Acht zu lassen.

Wenn Sie einen unbekannten Fall zur Bearbeitung vorgelegt bekommen, ist es wichtig, dass Sie den richtigen rechtlichen Einstieg – entweder im Gesetz oder in einem Rechtsinstitut – finden. Auch hierfür ist kreatives Denken gefragt.

Tipp

>> Je bewusster Sie sich der Tatsache werden, dass die beiden Gehirnhälften unterschiedliche Funktionen erfüllen, desto einfacher werden Sie in Zukunft erkennen können, in welcher Gehirnhälfte Sie sich gerade befinden. Dieses Wissen erleichtert Ihnen die Arbeit in den jeweiligen Arbeitsschritten.

2.3 Arbeit mit dem Sachverhalt

Der Unterschied zwischen der Praxis und dem Studium besteht darin, dass in der Praxis der Sachverhalt meist noch ermittelt werden muss. Streitiger Vortrag muss vom unstreitigen Vortrag unterschieden und sprachlich unterschiedlich dargestellt werden. Das lernen Sie im Referendariat. Während des Studiums werden Sie nur mit **feststehenden Sachverhalten** konfrontiert. Das bedeutet, dass der Sachverhalt, der Ihnen präsentiert wird, nicht hinterfragt, verändert oder in irgendeiner Form angepasst werden muss. Sie dürfen und müssen die Angaben des Sachverhalts als gegeben hinnehmen. Das bedeutet jedoch nicht, dass das Erfassen des Sachverhaltes einfach wäre.

Die Aufgabe, den Sachverhalt vollständig zu erfassen, ist wichtig und besteht aus mehreren Teilaspekten: **Wichtig** ist herauszuarbeiten, was *Tatsachenstoff* und was *rechtlicher Stoff* ist! Die Arbeit mit Studenten hat mir immer wieder gezeigt, dass nicht klar differenziert wird zwischen den Tatsachen des konkret zu bearbeitenden Falles und ihrer rechtlichen Bewertungen. Für die Examina und für die Arbeit als Jurist (egal ob als Rechtsanwalt oder Richter etc.) ist es wichtig zwischen **tatsächlicher Ebene** und **rechtlicher Ebene** zu differenzieren.

Die Arbeit des Juristen ist davon geprägt, einen Sachverhalt mit dem Gesetz, bzw. rechtlichen Gepflogenheiten zu vergleichen. Daraus folgt, dass der Jurist zwei Dinge voneinander trennen muss:

1. **der Sachverhalt:**
   = Gesamtheit aller juristisch relevanten Tatsachen, darunter auch tatsächliche Ereignisse in der Außenwelt und Innenwelt eines Menschen.
   = tatsächliche Informationen, Ereignisse, Geschehnisse, Absichten etc. Tatsachen: Etwas was geschehen oder vorhanden ist. Dies liegt in der Außenwelt, d.h. in der Realität. Tatsachen sind sinnlich wahrnehmbar.

2. und die davon losgelöste rechtliche Bewertung:

= Verknüpfung von Tatsachen mit dem Gesetz/ den rechtlichen Konstruktionen

Bewertung: begutachten, beurteilen, werten, bewerten, dem Wert, der Wichtigkeit o.Ä. nach einschätzen.

Die rechtliche Bewertung ist, wie das Wort schon anzeigt, eine Wertung. Eine Bewertung können Sie erst dann vornehmen, wenn Ihnen alle Tatsachen und Fakten bewusst sind. Steigen Sie zu früh in die rechtliche Bewertung ein, sind Sie unfrei für alle weiteren Bewertungen, denn Sie haben bereits einen Weg eingeschlagen. Das legt Sie gedanklich fest. Zuerst müssen sämtliche Fakten und Tatsachen ermittelt werden. Erst danach können Sie sich Gedanken hinsichtlich der rechtlichen Bewertung machen. Daher muss jeder Jurist zu jedem Zeitpunkt diese beiden Ebenen auseinanderhalten!

Sachverhaltsebene = Tatsachenebene	**Rechtsebene** = rechtliche Bewertung einzelner Aspekte

Beispiel:

Tatsachenebene:	**Rechtliche Ebene:**
T nimmt im Laden eine Flasche und versteckt sie unter seiner Jacke.	Flasche = fremde, bewegliche Sache Verstecken unter Jacke = Gewahrsamsenklave bilden
Er passiert unbemerkt den Kassenbereich.	Vollendung (objektiver TB § 242 I StGB)
Er kommt zu Hause an. T2 versteckt die Flasche im Haus des T.	Beendigung (objektiver TB § 242 I StGB) Keine Teilnahme an der Tat des T mehr möglich.

Die Unterscheidung ist nicht nur hinsichtlich der Bearbeitung und der Lösung Ihres Falles relevant. **Das Gesetz ist ebenfalls so aufgebaut!**

Es gibt Tatsachen und deren rechtliche Bewertung!

=

Tatbestandsmerkmale und Rechtsfolge!

Ich möchte Sie noch auf eine besondere Technik der Sachverhaltserfassung hinweisen, nämlich die der **Argumentationstabelle**. Eigentlich gehört dieser Aspekt zur Sachverhaltserfassung, auf die ich im 6. Kapitel „Klausurentechnik" näher eingehe. Allerdings erläutere ich die Klausurentechnik anhand eines Zivilrechtsfalles, so dass ich hier auf die Besonderheit hinweise, die es im Öffentlichen Recht gibt.

Der Sachverhalt einer öffentlich-rechtlichen Klausur enthält oft mehrere Argumente der Parteien, die sich streiten. Diese Argumente benötigen Sie für die Überprüfung der Verhältnismäßigkeit einer behördlichen Verfügung, der Verfassungsmäßigkeit eines Gesetzes oder der Rechtmäßigkeit des Handelns einer Behörde etc.. Die Argumente der einzelnen Parteien werden häufig vermischt und sehr komprimiert dargestellt. Es wird von Ihnen verlangt, dass Sie sämtliche Argumente in der Klausur ansprechen und gegeneinander abwägen, d.h. alle Argumente müssen verwertet werden. Da diese Argumente stark komprimiert im Sachverhalt dargestellt werden, besteht die Gefahr, dass eines oder mehrere Argumente übersehen oder vergessen werden. Fertigen Sie daher nach dem Zeitstrahl oder nach der Skizze noch die Argumentationstabelle an. Zeitstrahl und Skizze erläutere ich Ihnen im 6. Kapitel „Klausurentechnik" noch ausführlich. Die Argumentationstabelle besteht aus den zwei Parteien, die miteinander streiten. In Verwaltungsrechtsfällen ist es i.d.R. der Bürger und die handelnde Behörde. In einer Spalte werden die Argumente des Bürgers dargestellt, in der anderen die Argumente der Behörde.

Übung

Bitte fertigen Sie von dem nachstehenden Sachverhalt eine Argumentationstabelle an.

Sachverhalt

Im Bundesland NRW haben Kommunalwahlen stattgefunden. Kurz davor wurde die Fünfprozenthürde, die das KwahlG für den Einzug einer Partei oder Wählergruppe in die Gemeinderäte vorsah, aufgehoben. Der Rat der Gemeinde X besteht nach der Wahl aus 66 Ratsmitgliedern, die sich auf insgesamt 5 Parteien verteilen. So entsendet die A- Partei 34, die B- Partei 22, die C- Partei 6 sowie die D- und G- Partei jeweils 2 Vertreter in den Rat der Gemeinde X. Der Rat der Gemeinde X bildet insgesamt 9 Ausschüsse, darunter einen Schulausschuss und einen Hauptausschuss. Er beschließt, dass der Hauptausschuss aus 8 regulären Vertretern des Gemeinderats bestehen soll, die nach § 50 III GO zu bestimmen seien. Die reguläre Mitgliederzahl der übrigen Ausschüsse schwankt zwischen 7 und 9 Ratsmitgliedern. Nachdem eine Einigung über die

Besetzung des Hauptausschusses scheitert, werden dessen Mitglieder per Verhältniswahl gewählt. Hierbei bringt die Fraktion der A- Partei alle 4 Mitglieder, die sie vorgeschlagen hat, die Fraktion der B- Partei 3 Mitglieder und die der C- Partei 1 Mitglied im Hauptausschuss unter. Die G- Partei, die ebenfalls eines ihrer Ratsmitglieder vorgeschlagen hatte, ist im Hauptausschuss nicht vertreten. Der G-Partei ergeht es auch bei der Besetzung aller übrigen Ausschüsse nicht besser. Sie bleibt in allen Ausschüssen ohne Sitz. Per Beschluss bestätigt der Rat die Ergebnisse der Besetzungsverfahren zu den einzelnen Ausschüssen. Da beide Ratsmitglieder der G- Partei beruflich als Lehrer tätig sind, bietet der Rat der G– Partei an, eines ihrer Mitglieder als beratendes Mitglied in den Schulausschuss aufzunehmen. Dies lehnt die G- Partei dankend ab. Die G- Partei ist der Meinung, ihr stehe im Hauptausschuss wegen dessen Sonderstellung in der Gemeindeordnung ein Anspruch auf Sitz und Stimme zu. Ihr Anspruch ergebe sich aus einer Übertragung parlamentsrechtlicher Grundsätze auf den Gemeinderat. Der Beschluss des Rates, der die Besetzung des Hauptausschusses, bei der sie nicht berücksichtigt wurde, bestätigt, sei insofern rechtswidrig. Außerdem habe sie einen Anspruch – wie jede Fraktion auch – ein beratendes Mitglied in jeden Ausschuss zu entsenden, in dem sie aufgrund des Besetzungsverfahrens nach § 50 III GO nicht vertreten ist. Es sei nicht verhältnismäßig, ihr Sitz und Stimme im Hauptausschuss und die beratende Mitgliedschaft in allen anderen Ausschüssen zu verweigern, da sie diesen Verlust an Mitwirkungsbefugnissen nicht durch ihre Mitarbeit im Gemeinderat selbst kompensieren könne. Der Rat seinerseits lehnt dieses Ansinnen der G- Partei ab. Er ist der Auffassung, die Grundsätze des Parlamentsrechts seien nicht auf den Gemeinderat übertragbar. Insbesondere widersprächen aber die Grundsätze der Effektivität und der Spiegelbildlichkeit, die in den Ausschüssen gelten, sowohl einer vollwertigen Mitgliedschaft der G- Partei im Hauptausschuss als auch einer beratenden Mitgliedschaft in den übrigen Ausschüssen. Der Verlust ihrer Mitwirkungsbefugnisse in den Ausschüssen sei zumal dadurch kompensiert, dass die G- Partei bei der Übertragung von Angelegenheiten und Zuständigkeiten auf die einzelnen Ausschüsse im Vorfeld mitentscheide und die Ausschüsse im übrigen nur Verwaltungsangelegenheiten von niederer Bedeutung betreuten. Die G- Partei möchte geprüft wissen, wie sie die Feststellung eines Anspruchs auf Sitz und Stimme im Hauptausschuss des Rates und einen Anspruch auf beratende Mitgliedschaft in allen übrigen Ausschüssen verwaltungsgerichtlich geltend machen kann und ob eine Klage Aussicht auf Erfolg hat.

Lösung

Argumente der G- Partei:	**Argumente des Gemeinderates:**
Sonderstellung GO Hauptausschuss gewährt der G- Partei ein Recht auf Sitz und Stimme im Hauptausschuss.	Die Grundsätze des Parlamentsrechts sind nicht auf den Gemeinderat übertragbar.
Übertragbarkeit der parlamentsrechtlichen Grundsätze auf den Gemeinderat	Vollwertige Mitgliedschaft der G-Partei widerspricht Grundsätzen der Effektivität und Spiegelbildlichkeit. Gilt auch für eine beratende Mitgliedschaft in allen übrigen Ausschüssen.
Beschluss des Gemeinderates ist rechtswidrig.	Kompensation des Verlusts der Mitwirkungsbefugnis durch die Arbeit im Gemeinderat. Arbeit = Entscheidung darüber, was die Ausschüsse überhaupt bearbeiten. Ausschüsse = nur niedere Verwaltungsarbeit
Sie habe einen Anspruch darauf, in jeden Ausschuss ein beratendes Mitglied zu entsenden, in dem sie aufgrund des Besetzungsverfahrens nach § 50 III GO nicht vertreten ist.	Abschaffung der Fünfprozenthürde kurz vor der Wahl.
Die Weigerung, ihr Sitz und Stimme im Hauptausschuss und die beratende Mitgliedschaft in allen anderen Ausschüssen zu gewähren, ist unverhältnismäßig, da sie diesen Verlust an Mitwirkungsbefugnissen nicht durch ihre Mitarbeit im Gemeinderat selbst kompensieren könne.	

Ferner gibt es im Öffentlichen Recht die Besonderheit, dass man sich gelegentlich einen Lageplan erstellen sollte, um sich die Örtlichkeiten besser vorstellen zu können. Insbesondere ist dies bei Baurechtsfällen empfehlenswert. Ein Beispiel finden Sie im Onlinematerial.

3. Grundlagen der Logik

Die häufigste Aufgabe, die Ihnen im Studium gestellt wird, heißt: Findung einer durch das Gesetz begründeten Entscheidung. Das geschieht in erster Linie durch die Bewertung von Sachverhalten. Dieser **Bewertungsprozess** ist einem **konkreten Denk- und Arbeitsprozess** unterworfen. Den Arbeitsprozess als solchen haben wir bereits im 2. Kapitel „Der juristische Arbeitsprozess" kennengelernt. Im vorliegenden Kapitel widmen wir uns abstrakt der Frage, wie eine rechtliche Bewertung funktioniert und welchem Denkprozess zu folgen ist.

Eine rechtliche Bewertung ist eine **Überprüfung des Gesetzes** – sei es abstrakt oder konkret. Eine konkrete Überprüfung des Gesetzes ist dann erforderlich, wenn wir einen konkreten Sachverhalt zur Entscheidung vorgelegt bekommen. Eine abstrakte Überprüfung des Gesetzes erfolgt dann, wenn wir ein von einem konkreten Fall losgelöstes rechtliches Problem betrachten sollen. Auf die abstrakte Überprüfung gehe ich im 8. Kapitel „Themenarbeiten / Seminararbeiten" näher ein. Im vorliegenden Kapitel widmen wir uns ausschließlich der konkreten Gesetzesüberprüfung.

Während der Überprüfung des Gesetzes sind folgende Gebote stets zu beachten:

Objektivität – Neutralität – Sachlichkeit

Das bedeutet, dass Gefühle oder moralische Wertvorstellungen nicht in die rechtliche Bewertung einfließen dürfen. Es gibt nur ganz wenige Tatbestände, die eine „moralische Bewertung" zulassen, wie z.B. § 242 BGB. Gem. § 242 BGB muss der Schuldner die Leistung so erbringen, wie es Treu und Glauben mit Rücksicht auf die Verkehrssitte verlangen. Solche moralischen Bewertungsmöglichkeiten sind jedoch äußerst selten. Daher ist tunlichst darauf zu achten, dass man seine eigenen Gefühle während der rechtlichen Bewertung eines Sachverhaltes außer acht lässt. Das ist oft leichter gesagt als getan. Die gleichen Sachverhalte werden von Laien „aus dem Bauch heraus" bewertet, während wir Juristen eine sachliche, objektive und neutrale Bewertung vornehmen müssen. Die Aufgabenstellung umfasst gerade **kein Wertgutachten** sondern eine in sich schlüssige Lösung. Zu Beginn des Studiums scheinen noch manche Ergebnisse ungerecht und nicht vereinbar mit dem eigenen Rechtsgefühl. Gerechtigkeit ist jedoch ein Wert, der sich niemals im Wege eines logischen Verfahrens ermitteln lässt.

Im ersten Semester Jura lernt der Student, dass er nicht mehr auf „sein Bauchgefühl" hören darf. Das ist auch richtig. Erst wenn Sie gelernt haben, Ihre Bewertung nach dem logischen Schluss vorzunehmen, können Sie Ihr Endergebnis mit Ihrem Bauchgefühl überprüfen, um festzustellen, ob Ihr Urteil auch Ihrer moralischen Vorstellung und Ihrem Gerechtigkeitsempfinden entspricht. Nicht empfehlenswert ist die umgekehrte Vorgehensweise, da diese zu **falschen Schlüssen** oder zu **Scheinbegründungen** führen kann. Denn wenn man sich primär vom eigenen Rechtsgefühl leiten lässt, sich dann erst die Begründung überlegt und diese womöglich auch noch so zurechtlegt, dass sie mit dem eigenen Rechtsgefühl übereinstimmt, birgt das die Gefahr des Subjektivismus in sich. Dies ist jedoch nicht mit den Geboten der Objektivität, Neutralität und Sachlichkeit vereinbar. Ein Beispiel hierfür sind Urteile, die „Im Namen des Volkes" gefällt werden und nicht im Namen der Personen, die an der Urteilsfindung beteiligt waren.

Ich möchte Sie noch einmal darauf aufmerksam machen, dass die Gefühlswelt in der rechten Gehirnhälfte, Logik und systematisches Denken dagegen in der linken Gehirnhälfte verankert sind. Wenn Sie sich dies bewusst machen, können Sie während der einzelnen Arbeitsschritte die Vorgehensweise der linken und rechten Gehirnhälfte besser nachvollziehen. Daher sollten Sie sich frühzeitig abgewöhnen, sich eine Meinung zu bilden, die auf Ihren Gefühlen basiert, und sich daran gewöhnen, dass sich erst nach dem logischen und linearen Denkprozess ein Ergebnis herauskristallisiert. Erst wenn dieser Prozess abgeschlossen ist, kann das Ergebnis mit dem eigenen Rechtsgefühl auf seine moralische Wertigkeit hin überprüft werden. Wichtig ist es daher, während des Bewertungsprozesses immer zu unterscheiden: Folge ich der Logik oder folge ich gerade einem Gefühl? Das hilft, bei der Frage, ob ich auch in der für den konkreten Arbeitsschritt richtigen Gehirnhälfte arbeite.

3.1 Logik

Wenn Sie im Bedeutungswörterbuch das Wort Logik nachschlagen, finden Sie folgenden Eintrag:

Logik bedeutet

1. die Lehre / Wissenschaft von der Struktur, den Formen und Gesetzen des Denkens
2. die exakte Art des Denkens, bei der die Gedanken folgerichtig entwickelt werden
3. die Folgerichtigkeit von etwas

Das juristische Denken verfolgt den Zweck, zu gesicherten und **für jedermann nachvollziehbaren Erkenntnissen** zu gelangen. Daher bedient sich der Jurist bei der Überprüfung eines Sachverhaltes der Logik. Das verschafft ihm die Möglichkeit, einen folgerichtigen Gedankengang aufzuzeigen und diesen in Sprache zu fassen, also für jedermann verständlich und nachvollziehbar zu machen. Dabei befasst sich Logik nur mit der Frage, ob das Gedachte einer inneren Gesetzmäßigkeit entspricht und ob es in sich geordnet und gegliedert gedacht ist. Der Inhalt des Gedankengangs ist dabei unerheblich.

Bei der Erstellung einer rechtlichen Lösungsskizze gibt es **nur eine folgerichtige Lösung**. Innerhalb der Lösung gelangt man zu verschiedenen Schaltstellen, d.h. verschiedene Meinungen gelangen zu unterschiedlichen Ergebnissen, so dass die einzelne Schaltstellen, ähnlich einer Weggabelung, verschieden verlassen werden können. Die Weggabelungen müssen folgerichtig gedacht und verlassen werden, damit schließlich eine in sich folgerichtige Lösung entsteht. Sie können beispielsweise nicht ein und dieselbe Frage mit Ja und gleichzeitig mit Nein beantworten. Fragen tauchen nur bei Weggabelungen auf. Will man in die eine Richtung oder will man in die andere Richtung? Entscheidet man sich für eine Richtung, geht dort der Pfad der Prüfung schnurgeradeaus weiter. Daher erlaubt die Logik auch nicht, die Wahrheit der Schlussfolgerung zu finden, sondern nur, bei der Findung der Schlussfolgerung richtig zu verfahren!

3.2 Der Syllogismus als roter Faden

Der in diesem Kapitel vorgestellte „Denkprozess" folgt dem Syllogismus, der auf der traditionellen Logik des Aristoteles basiert. Syllogismus bedeutet der aus drei Urteilen (Major, Minor, Medius) bestehende Schluss vom Allgemeinen auf das Besondere (Logik). Sie stellen eine besondere Sorte von analytischen Schlüssen dar und sind daher sehr leicht auf ihre Korrektheit zu überprüfen.

Das bekannteste **Beispiel** geht folgendermaßen:

Frage	Ist Sokrates (= Y) sterblich (=A)?	Ist Y = A ?
Allgemeine Aussage (=Major)	Alle Menschen (= X) sind sterblich.	Alle X sind A.
Feststellung / Vergleich (=Minor)	Sokrates ist ein Mensch.	Y ist ein Fall von X.
Ergebnis (=Medius)	Sokrates ist sterblich.	Y ist A.

Wenn wir uns das Prinzip des Syllogismus genauer anschauen, können wir folgende abstrakte Regel aufstellen:

Frage: Eine Frage wird aufgeworfen.
Obersatz: Ist das Gesetz.
Untersatz: Ist der festgestellte Sachverhalt.
Schlusssatz: Ist die durch Vergleich des Obersatzes mit dem Untersatz gefundene Entscheidung.

Dies verdeutlicht den Denkprozess eines Juristen, wie eine rechtliche Bewertung funktioniert und ein folgerichtiges Ergebnis erzielt wird. Für uns Juristen hat der Syllogismus einen entscheidenden Vorteil. Er funktioniert als unser gedanklicher roter Faden. Dies ist eine enorme Hilfestellung, die uns erlaubt, unsere Lösungen gedanklich und sprachlich richtig und folgerichtig darstellen zu können. Die sprachliche Umsetzung sehen wir uns im nächsten Kapitel „Gutachtenstil" noch näher an.

Das Prinzip des Syllogismus wollen wir noch näher unter die Lupe nehmen. Zunächst stellen wir uns also eine Frage. Diese bekommen wir in unserer Aufgabenstellung mitgeteilt, bzw. während unserer Begutachtung stellen sich immer weitere Fragen. Zur Beantwortung unserer Fragen benötigen wir eine allgemeine Aussage. Unsere allgemeinen Aussagen entnehmen wir dem Gesetz, d.h. einer Rechtsnorm oder einem Rechtsinstitut. **Eine Rechtsnorm** folgt immer einem Schema, wobei es verschiedene Schemata gibt. Manche Normen sprechen ein Gebot oder ein Verbot aus, wie im Strafrecht. Es gibt anspruchsgebende Normen, es gibt gesetzliche Vermutungen etc..

Beispiele für anspruchsgebende Normen:

§ 433 I 1 BGB: Durch den Kaufvertrag wird der Verkäufer einer Sache verpflichtet, dem Käufer die Sache zu übergeben und das Eigentum an der Sache zu verschaffen.

§ 985 BGB: Der Eigentümer kann von dem Besitzer die Herausgabe der Sache verlangen.

Beispiel für verbietende Normen:

§ 223 I StGB: Wer eine andere Person körperlich misshandelt oder an der Gesundheit schädigt, wird mit Freiheitsstrafe bis zu fünf Jahren oder mit Geldstrafe bestraft.

Beispiel für eine gesetzliche Vermutung:

§ 1006 I 1 BGB: Zugunsten des Besitzers einer beweglichen Sache wird vermutet, dass er Eigentümer der Sache sei.

Für uns sind insbesondere die anspruchsgebenden und die verbietenden Normen von Interesse, da diese behilflich dabei sind, einen konkreten Sachverhalt rechtlich zu bewerten und zu lösen, da sie eine Rechtsfolge anordnen. Eine anspruchsgebende Rechtsnorm besteht aus:

Tatbestandsmerkmalen

\+ Rechtsfolge

Beispiel: § 985 BGB

Tatbestandsmerkmale: Eigentümer, Besitzer, kein Recht zum Besitz (wird aus § 986 BGB abgeleitet).

Rechtsfolge: Eigentümer kann die Herausgabe der Sache vom Besitzer verlangen.

Wenn wir prüfen, ob die Tatbestandsmerkmale vorliegen, wissen wir, vorausgesetzt wir können alles bejahen, dass die Rechtsfolge ausgelöst wird. Wenn nur eines der Tatbestandsmerkmale nicht vorliegt, wird die Rechtsfolge nicht ausgelöst. Das ist für unser Gutachten wichtig, denn wir müssen uns auf die Suche nach der gewünschten Rechtsfolge begeben. Wenn wir unseren Paragraphen gefunden haben, können wir im zweiten Schritt klären, welche Tatbestandsmerkmale vorliegen müssen. Danach können wir klären, ob sie vorliegen oder nicht. Wenn ja, wird die Rechtsfolge ausgelöst, wenn nein wird die Rechtsfolge nicht ausgelöst.

Beispiel:
Täter T geht in einen Supermarkt, nimmt sich eine Coladose aus dem Regal und verlässt den Supermarkt, ohne für die Coladose zu bezahlen. Draußen angelangt, trinkt er die Cola aus. Wie hat er sich strafbar gemacht?
Bei der Überprüfung des § 242 I StGB stellt sich u.a. folgende Frage:
Liegt das Tatbestandsmerkmal Sache vor?

Frage	Ist die Coladose (= Y) eine Sache (= A)?	Ist Y = A?
Allgemeine Aussage	Gem. § 90 BGB sind Sachen körperliche Gegenstände (= X).	Alle X sind A.
Feststellung / Vergleich	Die Coladose ist ein körperlicher Gegenstand.	Y ist ein Fall von X.
Ergebnis	Die Coladose ist eine Sache.	Y ist A.

Wir haben uns nun die juristische Prüfung an einem kleinen Punkt, nämlich am Tatbestandsmerkmal *Sache* verdeutlicht. Der Gesamtaufbau einer Prüfung folgt auch diesem Grundschema.

<table>
<tr><td>Frage</td><td>Hat sich T eines Diebstahls durch die Mitnahme der Coladose ohne dafür zu zahlen (Y) gem. § 242 StGB (= A) strafbar gemacht?</td><td>Ist das Verhalten (=Y)
des T = A ?</td></tr>
<tr><td>Allgemeine Aussage</td><td>Wer eine fremde bewegliche Sache einem anderen in der Absicht wegnimmt, sich die Sache rechtswidrig zuzueignen, wird bestraft.</td><td>X = A</td></tr>
<tr><td>Feststellung / Vergleich</td><td>T hat die für ihn fremde bewegliche Coladose dem Supermarkt weggenommen und den Inhalt getrunken, ohne ein Recht daran zu haben, so dass er die Coladose samt Inhalt nicht mehr dem Supermarkt zurückgeben kann.
Im Einzelnen erfolgt hier wiederum eine Prüfung nach dem Schema des Syllogismus:
<table>
<tr><td>Frage</td><td>Ist die Coladose (Y_1) eine Sache (A_1)?</td><td>$Y_1 = A_1$?</td></tr>
<tr><td>Allgemeine Aussage</td><td>Gem. § 90 BGB sind Sachen (A_1) alle körperlichen Gegenstände (X_1).</td><td>Alle X_1 sind A_1.</td></tr>
<tr><td>Feststellung</td><td>Die Coladose (Y_1) ist ein körperlicher Gegenstand</td><td>(X_1).
$Y_1 = X_1$</td></tr>
<tr><td>Ergebnis</td><td>Die Coladose ist eine Sache.</td><td>$Y_1 = A_1$</td></tr>
</table>
<table>
<tr><td>Frage</td><td>Ist die Coladose (Y_1) für T fremd (A_2)?</td><td>$Y_1 = A_2$?</td></tr>
<tr><td>Allgemeine Aussage</td><td>Eine Sache ist fremd (A_2), wenn sie im Eigentum eines anderen steht (X_2).</td><td>$X_2 = A_2$</td></tr>
<tr><td>Feststellung</td><td>Der Supermarkt hat Eigentum an der Dose.</td><td>Y_1 ist ein Fall von X_2.</td></tr>
<tr><td>Ergebnis</td><td>Die Coladose ist für T fremd.</td><td>$Y_1 = A_2$</td></tr>
</table>
</td><td></td></tr>
</table>

Frage	Ist die Coladose (Y1) beweglich (A3)?	Y1 = A3?
Allgemeine Aussage	Eine Sache ist beweglich (A3), wenn sie tatsächlich fortschaffbar ist.	X3 = A3
Feststellung	Die Coladose kann tatsächlich fortgeschafft werden.	Y1 ist ein Fall von X3.
Ergebnis	Die Coladose ist beweglich.	Y1 = A3

Frage	Hat T (Y) die Coladose dem Supermarkt weggenommen (A4)?	Ist das Verhalten (Y) von T = A4 ?
Allgemeine Aussage	Wegnahme (A4) bedeutet den Gewahrsam zu brechen, d.h. vor der Tat muss fremder Gewahrsam bestanden haben und durch die Tat muss neuer Gewahrsam begründet werden, der ohne Einverständnis des Gewahrsamsinhabers erfolgte (X4).	X4 = A4
Feststellung	Vor der Tat hatte der Supermarkt Gewahrsam an der Coladose. T hat neuen Gewahrsam an der Coladose begründet, als er mit ihr aus dem Supermarkt hinausging. T zahlte nicht für die Coladose, so dass die Begründung neuen Gewahrsams ohne das erforderliche Einverständnis des Supermarktes erfolgte.	Y = X4
Ergebnis	T hat den Gewahrsam des Supermarktes gebrochen und die Coladose weggenommen.	Y = A4

Frage	Handelte T (Ya) vorsätzlich (A5)?	Ya = A5?
Allgemeine Aussage	Vorsatz (A5) ist das Wissen und Wollen aller Tatbestandsumstände (X5).	X5 = A5
Feststellung	T wusste um die Eigentumsverhältnisse und wollte die Coladose wegnehmen.	Ya = X5
Ergebnis	T handelte vorsätzlich.	Ya = A5

Frage	Hatte T die Absicht (Yb), sich die weggenommene Sache zuzueignen (A6)?	Absicht des T (Yb) = A6?
Allgemeine Aussage	Zueignungsabsicht (A6) besteht dann, wenn der Täter zum einen die Absicht hat, sich die Sache zu eigenen Gunsten anzueignen und zum anderen den Eigentümer enteignen will (X6).	X6 = A6
Feststellung	Die Enteignungsabsicht des T wird dadurch deutlich, dass er sich den Inhalt der Coladose einverleibte und damit auch der Enteignungswille deutlich hervortritt.	Yb = X6
Ergebnis	T hatte Zueignungsabsicht hinsichtlich der Coladose.	Yb = A6

<table>
<tr>
<td></td>
<td>
<table>
<tr><td>Frage</td><td>War die erstrebte Zueignung (Yc) rechtswidrig (A7)?</td><td>Yc = A7?</td></tr>
<tr><td>Allgemeine Aussage</td><td>Die Zueignung (Yc) ist, solange der Täter keinen durchsetzbaren Anspruch auf die weggenommene Sache hat und er diesen Umstand kennt, als rechtswidrig anzusehen (X7).</td><td>X7 = A7</td></tr>
<tr><td>Feststellung</td><td>T hatte keinen Anspruch auf die Coladose.</td><td>Yc = X7</td></tr>
<tr><td>Ergebnis</td><td>Die Zueignung war rechtswidrig.</td><td>Yc = A7</td></tr>
</table>
<table>
<tr><td>Frage</td><td>Ist das Verhalten (Yd) auch allgemein als rechtswidrig (A8) anzusehen?</td><td>Yd = A8?</td></tr>
<tr><td>Allgemeine Aussage</td><td>Ein Verhalten (Yd) ist dann rechtswidrig, wenn kein Rechtfertigungsgrund vorliegt.</td><td>X8 = A8</td></tr>
<tr><td>Feststellung</td><td>Es sind keine Rechtfertigungsgründe ersichtlich.</td><td>Yd = X8</td></tr>
<tr><td>Ergebnis</td><td>Das Verhalten des T war rechtswidrig.</td><td>Yd = A8</td></tr>
</table>
<table>
<tr><td>Frage</td><td>Handelte T (Ye) schuldhaft (A9)?</td><td>Ye = A9?</td></tr>
<tr><td>Allgemeine Aussage</td><td>Jemand handelt schuldhaft (Ye), wenn keine Entschuldigungsgründe vorliegen (A9).</td><td>X9 = A9</td></tr>
<tr><td>Feststellung</td><td>Es sind keine Entschuldigungsgründe ersichtlich.</td><td>Ye = X9</td></tr>
<tr><td>Ergebnis</td><td>T handelte schuldhaft.</td><td>Ye = A9</td></tr>
</table>
</td>
<td></td>
</tr>
<tr><td></td><td></td><td>Y ist ein Fall von X.</td></tr>
<tr><td>Ergebnis</td><td>T hat sich gem. § 242 StGB strafbar gemacht.</td><td>Y ist A.</td></tr>
</table>

Sie sehen, dass der Syllogismus ständig eingehalten werden kann. Allerdings wird ein rechtliches Gutachten aufgebläht, wenn offensichtliche Prüfungspunkte systematisch nach den Regeln des Syllogismus geprüft werden. Denn dann werden auch Dinge überprüft, die unproblematisch sind, d.h., die offensichtlich vorliegen. Diesem Problem widmen wir uns im nächsten Kapitel „Gutachtenstil". Zunächst geht es darum, das Grundkonzept der rechtlichen Überprüfung eines Gesetzes zu verstehen. Die geeignete Schwerpunktbildung und die sprachliche Umsetzung sehen wir in den weiteren Kapiteln.

3.3 Subsumieren

Was ist Subsumtion und was macht man dabei genau? Im Bedeutungswörterbuch können Sie für den Begriff „subsumieren" folgenden Eintrag finden:

Subsumieren ist ein Begriff aus der Logik und meint:

1. Ein- / unterordnen
2. Einen Begriff von engerem Umfang einem Begriff von weiterem Umfang unterordnen (Logik).
3. Einen Sachverhalt rechtlich würdigen, d.h. prüfen, ob die Tatbestandsmerkmale einer bestimmten Rechtsnorm erfüllt sind oder nicht.

Anders erklärt heißt Subsumtion:

a) Unterordnung eines Sachverhaltes unter den Tatbestand einer Rechtsnorm.
b) Unterordnung von Begriffen unter einen Oberbegriff.

Die Subsumtion besteht aus zwei **unterschiedlichen Arbeitsschritten**:

1. Tatsachenfeststellung
2. Vergleich der konkret vorliegenden Tatsachen mit dem jeweiligen Tatbestandsmerkmal, das gerade geprüft wird.

Der Arbeitsschritt der Tatsachenfeststellung ist in der universitären Ausbildung einfach. Da Sie einen feststehenden Sachverhalt zur Überprüfung vorgelegt bekommen, können und müssen Sie die Ihnen vorgegebenen Tatsachen auch als wahr und zutreffend unterstellen. Eingebettet in den Ablauf des Syllogismus ergeben sich also folgende Arbeitsschritte:

- Schritt 1: Das jeweilige Tatbestandsmerkmal genau beschreiben, d.h. definieren, um den Umfang und die Tragweite des Begriffes festzustellen und dadurch festzulegen und abzugrenzen.
- Schritt 2: Feststellungen, welche – für das Tatbestandsmerkmal relevanten – Tatsachen in unserem konkreten Fall vorliegen.
- Schritt 3: Feststellungen, ob die konkreten Tatsachen mit dem Umfang und der Reichweite des definierten Tatbestandsmerkmals übereinstimmen oder nicht.

Beispiel: s. o. Fall der gestohlenen Coladose.

3.4 Definieren

Tatbestandsmerkmale werden durch Wörter, d.h. durch Begriffe dargestellt. Mit einem Begriff wird etwas Bestimmtes konkretisiert, d.h. mit einem bestimmten Wort werden konkrete Vorstellungen und Inhalte verbunden. Der Begriff ist daher der geistige, abstrakte Gehalt von etwas. Man könnte auch sagen, dass der Begriff die Summe aller Merkmale ist, die das Wesen eines Gegenstandes ausmachen.

Der **Umfang** und die **Tragweite** einiger Tatbestandsmerkmale (Begriffe) werden uns vom Gesetz vorgegeben, wie z.B. die Sache (§ 90 BGB). Man spricht von einer Legal-Definition. Problematisch ist es, wenn wir den Bedeutungsumfang des Tatbestandsmerkmals nicht kennen und uns das Gesetz keinen Aufschluss über die Reichweite gibt, wie beispielsweise bei dem Tatbestandsmerkmal des § 223 I StGB „Körperverletzung" oder „Gesundheitsverletzung". Wann ist der Körper verletzt und wann nicht? Das können wir nicht unmittelbar aus dem Gesetz ableiten. Damit wir nun feststellen können, wie groß die Reichweite unseres Tatbestandsmerkmales ist, d.h. welche Handlungen noch eine Körperverletzung darstellen oder nicht, müssen wir den Begriff definieren. Eine **Definition** ist eine genaue Bestimmung des Gegenstandes oder des Begriffes durch Auseinanderlegung und Erklärung seines Inhaltes.

Das Definieren ist schwierig und birgt einige Tücken in sich. Vor allem mehrdeutige Begriffe sind eine ständige Quelle von Irrtümern. Dabei können wir uns keine Irrtümer leisten, da dies unser Ergebnis verfälscht. Wir benötigen daher einen ganz **klar abgegrenzten Bereich** für den unser Begriff gilt, damit wir im weiteren Arbeitsschritt feststellen können, ob die

Tatsachen aus unserem zu überprüfenden Sachverhalt innerhalb oder außerhalb unseres Begriffes liegen.

Es gibt zwei Dimensionen eines Begriffes, die für das Definieren von Bedeutung sind:

- ➔ **Begriffsinhalt**: Das Ganze der vom Begriff zu einer Einheit zusammengefassten einzelnen Aussagen.
- ➔ **Begriffsumfang**: Den Anwendungsbereich eines Begriffs.

Je enger der Begriff ist, desto genauer ist er und umso besser ist er abgrenzbar von anderen Begriffen. Daher ist es wichtig, nach Möglichkeit von einem Kaufvertrag zu sprechen und nicht nur von einem Rechtsgeschäft oder einem Vertrag. Durch die Benutzung des Begriffs Kaufvertrag **vermitteln Sie jedem anderen Juristen bereits wichtige Informationen** darüber, was inhaltlich gemeint ist. Es handelt sich um einen Vertrag, d.h. ein zweiseitiges Rechtsgeschäft und darüber hinaus teilen Sie den Inhalt des Vertrages – nämlich den Verkauf einer Sache – mit. Je konkreter Sie formulieren, d.h. je enger der Begriff ist, den Sie wählen, desto eindeutiger ist Ihre Aussage. Je eindeutiger Ihre Aussage ist, desto leichter sind Irrtümer und Missverständnisse beim Leser zu vermeiden.

Im Laufe Ihres Studiums werden Sie viele der Standarddefinitionen kennenlernen und auswendig lernen müssen. Denn in der Klausurensituation können Sie eben diese Definitionen – mangels zur Verfügung stehender Zeit – nicht herleiten. Ein klassisches Beispiel dafür ist die allgemeine Definition des Vorsatzes. „Vorsatz ist das Wissen und Wollen der Tatbestandsverwirklichung." Diese Definition müssen Sie für eine Strafrechtsklausur beherrschen. Ansonsten können Sie keine Stellungnahme dazu abgeben, ob in dem vorliegenden Fall der Vorsatz zu bejahen ist oder nicht.

Erstellen Sie sich einen eigenen Karteikasten und sammeln Sie im Verlauf Ihres Studiums die wesentlichen Definitionen, die Sie auf den Karteikarten festhalten.

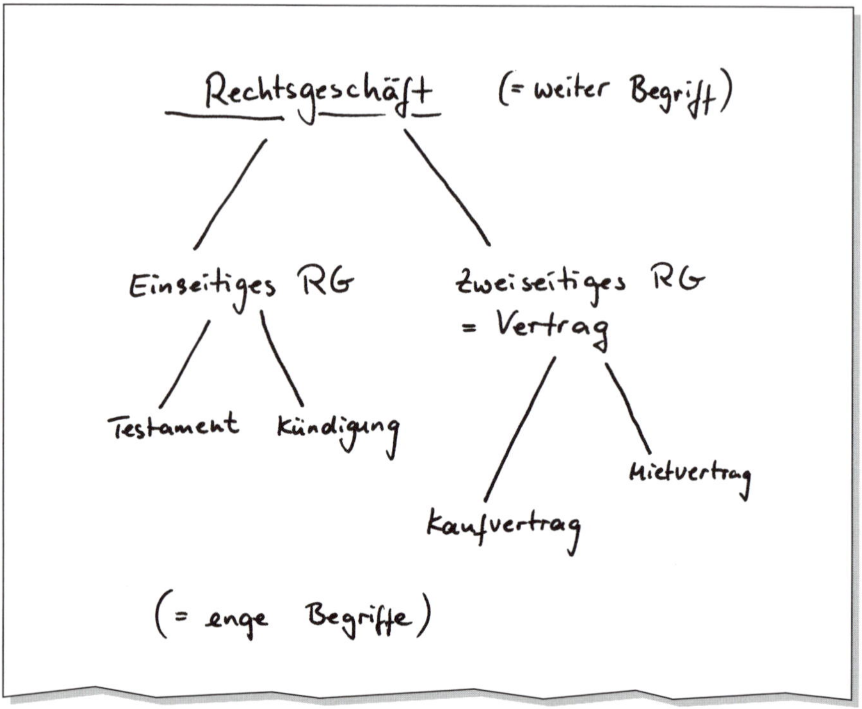

Abb.: Weiter Begriff, enger Begriff

Allerdings gibt es auch einige **Besonderheiten**, in denen keine Definition auswendig gelernt werden kann. Ein gutes Beispiel hierfür ist das Tatbestandsmerkmal **„Eigentum"**. Hier kommen Sie mit einer klassischen Definition nicht weiter. Vielmehr kommt es im Rahmen der Prüfung des § 985 BGB darauf an, wer ursprünglich Eigentümer war und wer es danach wodurch geworden ist.

Eine andere Besonderheit liegt in Tatbestandsmerkmalen, die eine Wertungsfrage beinhalten. Zum Beispiel bei der Prüfung des § 211 II StGB müssen Sie das Tatbestandsmerkmal der **„Heimtücke"** definieren. Es gibt zwar eine Definition, die für sich genommen jedoch noch nicht weiterhilft. Heimtückisch handelt, wer in feindseliger Willensrichtung die Arg- und Wehrlosigkeit des Opfers bewusst zur Tötung ausnutzt. Fraglich ist dann immer noch, wann jemand arg- und wehrlos ist. Die Begriffe der Arg- und Wehrlosigkeit müssen deshalb ebenfalls definiert werden. Wann jemand arg- und wehrlos ist, hängt jedoch vom Einzelfall ab, so dass Sie zur näheren Erklärung dieser Begriffe auf Beispiele aus der Rechtsprechung zurückgreifen müssen.

Der Begriff **„Betäubungsmittel“** ist ein Tatbestandsmerkmal und wird im Betäubungsmittelgesetz an vielen Stellen aufgeführt. Welche Substanzen Betäubungsmittel sind, ergibt sich jedoch nicht aus dem Gesetz selbst, sondern erst aus den Anlagen 1 bis 3 zum Betäubungsmittelgesetz. Es bedarf keiner Gesetzesänderung (durch die Legislative), um andere Substanzen zu den Anlagen hinzuzufügen oder auszunehmen, sondern gem. § 1 II BtmG nur einer Entscheidung der Bundesregierung (=Exekutive) mit Zustimmung des Bundesrates, wenn die Voraussetzungen des § 1 II Nr.1,Nr. 2 oder Nr. 3 BtmG vorliegen.

Die in § 243 I Nr. 1 bis Nr.7 StGB genannten **Regelbeispiele** sind gerade keine Tatbestandsmerkmale. Der Täter des § 242 StGB, der eines der Regelbeispiele erfüllt, macht sich deshalb in der Regel wegen besonders schweren Diebstahls strafbar. In den Fällen des § 243 I Nr. 1 bis 6 StGB ist trotz Erfüllung der dort genannten Regelbeispiele wiederum der besonders schwere Diebstahl ausgeschlossen, wenn sich die Tat auf eine geringwertige Sache bezieht.

§ 1006 I 1 BGB enthält zugunsten des Besitzers einer beweglichen Sache die **gesetzliche Vermutung**, dass er Eigentümer der Sache ist. Diese Regelung erleichtert dem Besitzer, sofern er Ansprüche eines Eigentümers geltend macht, in einem Rechtsstreit die Darlegungs- und Beweislast, weil er lediglich seinen Besitz darlegen und im Bestreitensfalle beweisen muss. § 1006 I 1 BGB macht aus dem Besitzer jedoch keinen Eigentümer.

3.5 Begründen

Wenn Sie Ihren Fall gelöst haben, dann begründen Sie Ihre Lösung für den Prüfer nachvollziehbar. Eine **Begründung** ist ein gesprochener oder geschriebener Text, der zeigen soll, dass eine Feststellung oder eine Annahme zutreffend und ein Schluss unausweichlich ist. Eine Begründung grenzt sich daher vom Versuch ab, andere zu überreden.

Beispiel:

Begründung: X kann gegen Y einen Anspruch auf Übergabe und Übereignung (Herausgabe) des Buches haben. Zwischen X und Y ist ein wirksamer Kaufvertrag gem. § 433 BGB zustande gekommen. X hat Y den Kaufpreis für das Buch gezahlt.

Daher kann X von Y die Übergabe und Übereignung des Buches verlangen.

Überredung: X will von Y das Buch haben. Daher kann X Herausgabe und Übereignung des Buches verlangen.

Weiterhin ist zu unterscheiden zwischen **Begründungen für Annahmen über Tatsachen** und **Erklärungen für das Aussehen der Tatsachen**. In Begründungen wird gesagt, warum man von etwas überzeugt sein soll. In Erklärungen wird gesagt, warum etwas so und nicht anders ist.

Beispiel:

Begründungen für Annahme über Tatsachen: Der Zeuge Z ist glaubwürdig. Er hat detailliert und lückenlos über die Geschehnisse des Tatabends berichtet.

Annahme über Tatsache	Begründung für die Annahme
Der Zeuge Z ist glaubwürdig.	Er hat detailliert und lückenlos über die Geschehnisse des Tatabends berichtet.

Erklärungen für das Aussehen der Tatsachen: X ist tot. X wurde durch drei Messerstiche in den Rücken getötet.

Tatsache	Erklärung für das Aussehen der Tatsache
X ist tot.	X wurde durch drei Messerstiche in den Rücken getötet.

Dass eine vermutete Tatsache erklärbar ist, kann ein Grund dafür sein, sie für wahr oder für nachvollziehbar zu halten, wie in obigem Beispiel.

Die Motive eines Menschen, d.h. die **subjektiven Elemente**, stellen ebenfalls **Tatsachen** dar. Da die Motive allerdings im Inneren des Menschen verborgen liegen, sind sie nicht direkt von außen wahrnehmbar. Man kann nur durch Anzeichen (verbal oder non-verbal) eines Menschen vermuten, ob dieser Mensch absichtlich oder vorsätzlich handelte. Nur weil z.B. jemand detailliert und lückenlos über Geschehnisse berichten kann, bedeutet das nicht, dass seine Aussagen wahr sein müssen. Es kann auch eine perfekt inszenierte Lügengeschichte sein. Genauso kann man sich in äußeren Anzeichen täuschen, aus denen man zu lesen glaubt, derjenige handele vorsätzlich. Deshalb ist die Unterscheidung zwischen Erklärungen von Tatsachen und Begründungen von Annahmen nicht immer problemlos möglich.

In Ihrem Studium haben Sie meist einen **feststehenden Sachverhalt** zu bearbeiten. Das bedeutet, dass Sie die Ihnen vorgegebenen Tatsachen und Fakten aus dem Sachverhalt als gegeben hinnehmen können und müssen. Sie müssen sich also gerade nicht mit Erklärungen über das Aussehen von Tatsachen befassen. Sie müssen Ihrem Prüfer daher gerade nicht erklären wie etwas funktioniert oder warum die Geschichte im Sachverhalt so und nicht anders ist.

Bekannt in diesem Zusammenhang ist der Begriff der sogenannten **„Sachverhaltsquetsche"**. Der Verfasser einer Klausur stößt in seiner Bearbeitung auf Fragen im Sachverhalt, die er in direktem Zusammenhang mit der juristischen Prüfung sieht. Statt am konkreten Fall zu bleiben, werden irgendwelche Parallelfälle oder Erklärungen zum Sachverhalt addiert, um eine für den Verfasser plausible Geschichte zu konstruieren. Dies ist nicht gewünscht und daher auch falsch! Die Fakten aus dem Sachverhalt sind als abschließend und vollständig zu verstehen. Etwaige vom Verfasser hinzu gedachte Fakten führen zwangsläufig zu einer falschen Bearbeitung des Sachverhaltes, dadurch auch zu einer falschen Lösung.

3.6 Prämisse und Konklusion

Wie oben näher beschrieben, bewerten Juristen Sachverhalte. Das bedeutet, dass wir den konkreten Lebenssachverhalt mit den einschlägigen Gesetzen vergleichen. Die Überprüfung des Gesetzes erfolgt schrittweise, anhand der Tatbestandsmerkmale. Durch den Vergleich der konkreten Sachverhaltsangaben mit den gesetzlichen Tatbestandsmerkmalen gelangen Sie entweder zu dem Ergebnis ja, das Tatbestandsmerkmal liegt vor, oder nein, es liegt nicht vor. Die Begründung eines Ergebnisses beinhaltet daher zwei Elemente. Zum einen beinhaltet es die betreffende Annahme oder Behauptung, d.h. das, was begründet werden soll, und zum anderen das, womit sie begründet wird, nämlich die Argumente, auf die man sich stützt. Was begründet wird, d.h. die Annahme, Behauptung etc. nennt man in der Logik „Konklusion". Der Satz, mit dessen Hilfe man die Konklusion begründet, heißt „Prämisse". (Konklusion = Schlussfolgerung / Prämisse = Voraussetzung, Annahme)

Beispiel:

Konklusion	Prämisse
Der Zeuge Z ist glaubwürdig.	Er hat detailliert und lückenlos über die Geschehnisse des Tatabends berichtet.
X hat gegen Y einen Anspruch auf Übergabe und Übereignung des Buches.	Zwischen X und Y ist ein wirksamer Kaufvertrag gem. § 433 BGB zustande gekommen. X hat Y den Kaufpreis für das Buch bezahlt.

Begründungen können eine oder mehrere Prämissen haben, aber nur eine Konklusion. Noch einmal zur Wiederholung: Die Konklusion ist während unserer Prüfung immer das Ergebnis: ja oder nein. Sie können sich nur für das Vorliegen oder Nichtvorliegen des zu prüfenden Tatbestandsmerkmals bzw. des zu prüfenden Paragraphens entscheiden. Beides kann naturgemäß nicht vorliegen.

Dagegen können mehrere Prämissen vorliegen. Insbesondere ist dies bei der Überprüfung von subjektiven Tatbestandsmerkmalen möglich, da die innere Willensrichtung sich nicht nur in einer, sondern meist in mehreren äußerlichen Handlungen widerspiegelt.

Prämissen mit unterschiedlichem Gewicht

Geht man in der Beurteilung einer Begründung davon aus, dass die Prämissen wahr sind, dann können sie die Konklusion mehr oder weniger plausibel machen. Wenn die Prämissen die Konklusion sehr wahrscheinlich werden lassen, dann sind die Prämissen für die Konklusion sehr wichtig.

Beispiel:

Konklusion: A wollte X töten.

Prämisse:
a) A hat in seinem Tagebuch genau beschrieben, wie er und wann er X umbringen will.
b) A hat bereits einige Tage zuvor anderen Menschen berichtet, dass er X umbringen will.
c) Es ist allgemein bekannt, dass A und X verfeindet sind.

Die erste von den drei zur Auswahl gestellten Prämissen ist die Gewichtigste. Die zweite Prämisse ist ebenfalls gewichtig, aber nicht ganz so wie die erste. Die dritte Prämisse macht die Konklusion auch noch ziemlich plausibel, aber nicht so wie die beiden ersten. Zusammengenommen sind die Prämissen sehr überzeugend.

Sollten Sie daher z.B. drei Prämissen haben, die alle zutreffend aber von unterschiedlichem Gewicht sind, schlage ich vor, dass Sie mit der zweitwichtigsten Prämisse Ihre Argumentation starten. Danach können Sie die schwächste Prämisse, d.h. das schwächste Argument einsetzen und zum Schluss die wichtigste Prämisse, d.h. das wichtigste Argument bringen. Der Aufbau ist deswegen überzeugungsstark, weil sich Anfang und Ende der Argumentation beim Leser besonders gut einprägen.

Praktisch zwingende Begründungen

Im täglichen Leben muss man sich häufig auf bestimmte Umstände verlassen, auch wenn man sie nicht mit eigenen Augen gesehen hat. Manchmal handelt es sich um Selbstverständlichkeiten, etwa dass am nächsten Tag die Sonne aufgeht; manchmal aber auch nicht – dann braucht man praktisch zwingende Begründungen. Die Prämissen werden als wahr unterstellt.

Beispiel:
A war bei der Tat betrunken, denn er hat zwei Stunden zuvor 11 Gläser Schnaps getrunken.

Die Begründung ist praktisch zwingend, denn dadurch, dass die Prämisse (er hat zwei Stunden zuvor 11 Gläser Schnaps getrunken) als wahr unterstellt wird, ist die Konklusion ebenfalls wahr.
Praktisch zwingende Begründungen schließen nicht völlig aus, dass ein außergewöhnlicher Umstand trotz Wahrheit der Prämissen dafür sorgt, dass die Konklusion dennoch falsch ist.

Beispiel:
A hat 11 Gläser Wein verkostet, er hat sie jedoch direkt wieder ausgespuckt (da er bei einer Weinprobe ist).

4. Gutachtenstil, Urteilsstil, Feststellungsstil

Jedes juristische Gutachten folgt einer bestimmten gedanklichen Struktur, aus der sich eine bestimmte sprachliche Form ableiten lässt. Folgt man dieser gedanklichen Struktur, ergibt sich ein folgerichtiges und nachvollziehbares Ergebnis. Es gibt verschiedene Arten, einen Gedankengang aufzubauen und logisch richtig und in sich schlüssig darzustellen. Zu unterscheiden ist zunächst zwischen dem **Gutachtenstil** und dem **Urteilsstil**.

Im Studium – und meist auch noch danach – wird die Bedeutung des sogenannten Gutachtenstils verkannt. Das liegt daran, dass der Gutachtenstil aus Sicht der Studenten nur ein Sprach- bzw. Schreibstil ist, der ihnen auferlegt wird, ohne dass der Sinn und Zweck dahinter erklärt wird. Der Gutachtenstil ist jedoch mehr als nur ein Sprachstil, denn er hilft uns dabei, einen Gedankengang konsequent und für jeden Dritten nachvollziehbar darzustellen. Der Gutachtenstil ist der rote Faden, dem wir unseren Gedankengang in einem Gutachten folgen lassen müssen, zwingend und ohne Ausnahme!

Wie wir im 3. Kapitel „Grundlagen der Logik" bereits festgestellt haben, ist der Gutachtenstil ein **logisches Konstrukt**. Er basiert auf dem Syllogismus, der sich als der aus drei Urteilen (Major, Minor, Medius) bestehende Schluss vom Allgemeinen auf das Besondere definieren lässt.

Wir benutzen den Gutachtenstil für die **Lösung eines rechtlichen Problems**. Im Gutachtenstil findet eine Vier- Schritte-Prüfung statt. Zunächst stellt sich der Verfasser eine Frage. Diese Frage findet eine allgemeine Lösung im Gesetz. Um zu überprüfen, ob der reale Sachverhalt mit dem abstrakten Sachverhalt einer Rechtsnorm übereinstimmt, mit der Folge, dass die gewünschte Rechtsfolge ausgelöst wird, muss der Verfasser feststellen, was der Tatbestand des Gesetzestextes voraussetzt. Wenn dieser abstrakte Rahmen der gesetzlichen Voraussetzungen festgesteckt wurde, kann der Verfasser den realen Sachverhalt mit dem des abstrakten vergleichen. Aus diesem Vergleich lässt sich der logische Schluss ableiten, ob der abstrakte Sachverhalt des Tatbestandes des Gesetzestextes mit dem realen Sachverhalt übereinstimmt oder nicht. Stimmt er überein, dann wird die gewünschte Rechtsfolge ausgelöst. Stimmt er nicht überein, wird die Rechtsfolge nicht ausgelöst.

Für manche Studenten liegt das größte Problem darin, dass sie es gewohnt sind, eher in der rechten (d.h. kreativ-chaotischen) Gehirnhälfte zu arbeiten, so dass ihnen das lineare Vorgehen der Gutachtentechnik fremd ist. Sie denken eher chaotisch kreativ als systematisch und linear. Für Sie selbst ist es wichtig, sich jeden einzelnen Schritt der Gutachtentechnik – d.h. der Vier-Schritt-Prüfung – vor Augen zu führen, um so bewusst in der linken Gehirnhälfte arbeiten zu können. Das gelingt Ihnen, wenn Sie die Zusammenhänge des Gutachtenstils verstehen und sich danach in der Umsetzung üben, d.h. Klausuren schreiben.

4.1 Gutachtenstil – Gutachtentechnik

Im Studium erlernen Sie grundsätzlich nur den Gutachtenstil und nicht den Urteilsstil. Der Gutachtenstil ist der rote Faden, dem wir unsere Gutachten folgen lassen müssen. Daher ist der Begriff *„Gutachtenstil“* ungenau und löst viele Fragen aus. Aus diesem Grund möchte ich einen anderen Begriff für den Gutachtenstil verwenden, nämlich **Gutachtentechnik**. Das Wort Gutachtentechnik verdeutlicht sehr viel genauer die Aufgaben, die ihm zukommen. Denn eine Technik ist die ausgebildete Fähigkeit, die zur richtigen Umsetzung einer Aufgabenstellung notwendig ist. Die Fähigkeit besteht hier darin, **logisch korrekt vorzugehen**. Die sprachliche Umsetzung, d.h. ob etwas schön geschrieben ist, ist nachrangig. Allerdings kann der Prüfer nur anhand der sprachlichen Umsetzung einschätzen, ob der Verfasser der Klausur den Gutachtenstil bzw. die Gutachtentechnik verstanden hat oder nicht. Für den Prüfer zählen daher markante Formulierungen, die Indikatoren für die Gutachtentechnik sind, z.B. „denn, somit, folglich etc.“. In meinem Online-Material stelle ich Ihnen Formulierungshilfen zur Verfügung.

Der Gutachtenstil bzw. die Gutachtentechnik ist dann anzuwenden, wenn ein **konkreter Fall** zu lösen ist (grundsätzlich an der Universität in Klausuren und Hausarbeiten). Dieser konkrete Fall wirft immer mindestens eine Frage auf, die logisch korrekt und in sich schlüssig beantwortet werden muss.

Beispiele:
- Kann X von Z die Herausgabe des Motorrades verlangen?
- Hat sich T gem. § 242 I StGB strafbar gemacht, indem er die Coladose aus dem Supermarkt entwendet hat?
- Hat A gegen B einen Anspruch auf Zahlung?

Das bedeutet, dass man das Gutachten mit einer Fragestellung beginnt, die man in weitere Fragestellungen aufsplittet, die Schritt für Schritt nacheinander beantwortet werden, um abschließend die gestellte Frage zu beantworten. Beachten Sie hierbei bitte, dass Sie aufgrund Ihrer Vorprüfung bereits das Ergebnis und sämtliche Probleme des Falles kennen und wissen, wie Sie den Fall lösen wollen. Wie diese Vorprüfung funktioniert, erfahren Sie im 6. Kapitel „Klausurentechnik".

Aufgrund der Schritt für Schritt Prüfung ähnelt ein Gutachten einer **Perlenschnur**. Am Ende der sprachlichen Bearbeitung des konkreten Falles befindet sich die konkret ausformulierte Lösung. Durch das Gutachten müssen Sie also alle Fragen geklärt haben, die die Frage aufgeworfen hat, bzw. die sich der Leser im Laufe des Gutachtens gestellt hat.

Wichtig ist, dass im Gutachten immer die **Begründung dem Ergebnis vorangestellt** wird. Das bedeutet, dass sich das Ergebnis als die einzige logische Konsequenz der eigenen Begründung darstellt.

Wichtig ist ebenfalls, dass die **Gutachtentechnik für den Leser erst durch die sprachliche Umsetzung plastisch und erkennbar wird**. Aus diesem Grund wird der Gutachtenstil fälschlicherweise als „reiner" Sprachstil verkannt.

Die Gutachtentechnik folgt dem Vier-Schritte-Aufbau des Syllogismus:

Das mögliche Ergebnis wird dem Leser mitgeteilt, indem
- 1. Schritt: eine Frage aufgeworfen wird (s.o. Beispiele).

Es folgt die Begründung, indem
- 2. Schritt: der Obersatz, d.h. die Tatbestandsmerkmale des Gesetzes als allgemeine Aussage genannt werden (Definition).
- 3. Schritt: der Untersatz, d.h. der festgestellte Sachverhalt mit der allgemeinen Aussage verglichen wird (Subsumtion).

Als einzige logische Konsequenz aus obiger Begründung folgt das Ergebnis, indem
- 4. Schritt: der Schlusssatz als Schlussfolgerung aus oben Begründetem genannt wird.

Beispiel:
E hat eine wertvolle Uhrensammlung. E verstirbt. A ist Alleinerbe. Wer ist Eigentümer der Uhrensammlung geworden?

Das mögliche Ergebnis wird dem Leser mitgeteilt:
- 1. Schritt: Fraglich ist, ob A Eigentümer der Uhrensammlung des E geworden ist.

Es folgt die Begründung:
- 2. Schritt: Gem. § 1922 BGB geht mit dem Tode einer Person deren Vermögen als Ganzes auf eine oder mehrere andere Personen (Erbe) über.
- 3. Schritt: E ist gestorben, und A ist sein Alleinerbe.

Als einzige logische Konsequenz aus obiger Begründung folgt das Ergebnis:
- 4. Schritt: Somit ist A der Eigentümer der Uhrensammlung geworden.

Hierbei möchte ich darauf aufmerksam machen, dass nicht nur die zu Beginn des Gutachtens gestellte Frage mit diesen vier Schritten bearbeitet und dadurch beantwortet wird, sondern eben auch alle Fragen, die sich unterwegs während der Arbeit an der Lösung stellen.

Übung

Bitte lesen Sie den folgenden Sachverhalt und versuchen Sie, anhand der obigen Ausführungen die Frage mit einem Gutachten im Gutachtenstil zu beantworten.

Sachverhalt

A leiht dem B ein Buch im Wert von 5.000,- €, das es nur einmal auf der Welt gibt. A und B vereinbaren, dass das Buch ausschließlich im Büro des B aufbewahrt werden soll, da es dort in seinem Safe sicher verwahrt sei. B deponiert dieses Buch in seiner Wohnung offen und ungeschützt gegen Beschädigungen durch etwaige Brände. Als B am Abend, bevor er das Buch dem A zurückgeben soll, zur Wohnung zurückkehrt, stellt er fest, dass seine Wohnung vollständig abgebrannt ist. Der Brand wurde von einem Brandstifter gelegt. Kann A von B Ersatz für das Buch verlangen?

Lösungsvorschlag

1. Schritt: Fraglich ist, ob A von B Zahlung von 5.000,- € verlangen kann.
2. Schritt: Gem. § 283 BGB kann der Gläubiger unter den Voraussetzungen des § 280 I BGB Schadensersatz statt der Leistung verlangen, wenn der Schuldner nach § 275 Abs. 1 BGB nicht zu leisten braucht.

    1. Schritt: Fraglich ist, ob die Voraussetzungen des § 275 Abs. 1 BGB vorliegen.
    2. Schritt: Gem. § 275 Abs. 1 BGB ist der Anspruch auf Leistung ausgeschlossen, soweit diese für den Schuldner oder für jedermann unmöglich ist.
    3. Schritt: Das Buch gab es nur einmal auf der Welt. Durch den Wohnungsbrand ist es völlig zerstört.
    4. Schritt: Daher kann das Buch von niemandem mehr zurückgegeben werden. Die Voraussetzungen des § 275 Abs. 1 BGB liegen somit vor.

        1. Schritt: Fraglich ist, ob die Voraussetzungen des § 280 I BGB vorliegen.
        2. Schritt: Verletzt der Schuldner eine Pflicht aus dem Schuldverhältnis, so kann der Gläubiger Ersatz des hierdurch entstehenden Schadens verlangen. Jedoch nur dann, wenn der Schuldner die Pflichtverletzung nicht zu vertreten hat.

            1. Schritt: Fraglich ist, ob B eine Pflicht aus dem Schuldverhältnis verletzt hat.
            2. Schritt: Gem. § 604 Abs. 1 BGB ist der Entleiher dazu verpflichtet, die geliehene Sache nach dem Ablauf der für die Leihe bestimmten Zeit zurückzugeben.
            3. Schritt: B sollte dem A das Buch wieder zurückgeben. Daher war die Zeit der Leihe abgelaufen und A wollte das Buch von B zurück, der es jedoch nicht zurückgeben konnte.
            4. Schritt: Somit hat B eine Pflicht i.S.d. § 280 Abs. 1 BGB verletzt.

                1. Schritt: Fraglich ist, ob B die Pflichtverletzung zu verschulden hatte.
                2. Schritt: Gem. § 276 BGB hat der Schuldner Vorsatz und Fahrlässigkeit zu vertreten. Fahrlässig handelt, wer die im Verkehr erforderliche Sorgfalt außer acht lässt.

Lösungsvorschlag

3. Schritt: B hat ein wertvolles Buch, das es nur einmal auf der Welt gibt, entgegen der Vereinbarung zwischen ihm und A nicht in seinem sicheren Safe in seinem Büro aufbewahrt. Statt dessen hat er es in seiner Wohnung offen und ungeschützt herumliegen lassen.

4. Schritt: Mithin hat B zumindest fahrlässig gehandelt, so dass er die Pflichtverletzung zu vertreten hatte.

3. Schritt: Die Voraussetzungen des §§ 283, 275 Abs. 1, 280 Abs. 1 BGB sind erfüllt.

4. Schritt: Folglich kann A von B Zahlung von 5.000,- € verlangen.

In meinem Lösungsvorschlag leite ich die Frage im jeweiligen 1. Schritt bewusst mit „Fraglich ist…" ein. Damit habe ich das mögliche Ergebnis als Fragestellung vorangestellt. Stilistisch ist diese Einleitung auf Dauer unschön und auch oft unnötig. Wichtig ist zunächst, dass Ihnen **die Systematik des Gutachtenstils** bzw. der Gutachtentechnik klar wird. Die sprachliche Verfeinerung und Verbesserung werden Sie erst danach erlernen können. Bei der sprachlichen Verfeinerung sind einzelne Schritte zusammengefasst. Wie man dies macht, sehen Sie weiter unten beim Feststellungsstil.

4.2 Urteilsstil – Urteilstechnik

Den Urteilsstil werden Sie während Ihres Referendariats erlernen und erstmalig anwenden müssen. Genauso wie der Gutachtenstil ist der Urteilsstil kein reiner Sprachstil, sondern ebenfalls ein logisches Konstrukt, so dass Sie auch von Urteilstechnik sprechen können. Der Urteilsstil wird im Gegensatz zum Gutachtenstil bzw. der Gutachtentechnik dann angewendet, wenn **ein Ergebnis vorweg genannt wird und die Begründung nachfolgt**. Beim Urteilsstil werden die Begründungen oft mit „weil, da" eingeleitet. Sowohl Gutachten- als auch Urteilsstil folgen einem logisch korrekten und in sich schlüssigen Aufbau. Nur die Aufbauweise ist unterschiedlich.

Der Urteilsstil erfolgt – anders als der Gutachtenstil – in nur drei Schritten.

Das Ergebnis wird vorangestellt, indem

- 1. Schritt: das Ergebnis im Indikativ als feststehend genannt wird.

Die Begründung folgt, indem

- 2. Schritt: der Obersatz, die Tatbestandsmerkmale des Gesetzes, als allgemeine Aussage genannt werden (Definition).
- 3. Schritt: der Untersatz, d.h. der festgestellte Sachverhalt mit der allgemeinen Aussage verglichen wird (Subsumtion).

Augenfällig ist, dass der Urteilsstil bzw. Urteilstechnik – anders als die Gutachtentechnik – keine Frage vorsieht, die beantwortet werden muss. Dieser Schritt fällt ersatzlos weg.

Beispiel:
E hat eine wertvolle Uhrensammlung. E verstirbt. A ist Alleinerbe. Wer ist Eigentümer der Uhrensammlung geworden?

Das Ergebnis wird vorangestellt:

- 1. Schritt: A ist Eigentümer der Uhrensammlung des E geworden.

Die Begründung folgt:

- 2. Schritt: Denn gem. § 1922 BGB geht mit dem Tode einer Person deren Vermögen als Ganzes auf eine oder mehrere andere Personen (Erbe) über.
- 3. Schritt: E ist gestorben und A ist sein Alleinerbe.

Übung

Bitte versuchen Sie, die Frage aus obigem Übungsfall (Abschnitt 4.1) anhand der obigen Ausführungen im Urteilsstil zu beantworten.

Lösungsvorschlag

1. Schritt: A kann von B Zahlung von 5.000,- € verlangen.
2. Schritt: Denn gem. § 283 BGB kann der Gläubiger unter den Voraussetzungen des § 280 I BGB Schadensersatz statt der Leistung verlangen, wenn der Schuldner nach § 275 Abs. 1 BGB nicht zu leisten braucht.
3. Schritt: Die Voraussetzungen des §§ 283, 275 Abs. 1, 280 Abs. 1 BGB sind erfüllt.

Lösungsvorschlag

1. Schritt: Die Voraussetzungen des § 275 Abs. 1 BGB liegen vor.
2. Schritt: Gem. § 275 Abs. 1 BGB ist der Anspruch auf Leistung ausgeschlossen, soweit die Erfüllung für den Schuldner oder für jedermann unmöglich ist.
3. Schritt: Das Buch gab es nur einmal auf der Welt. Durch den Wohnungsbrand wurde es völlig zerstört.

    1. Schritt: Die Voraussetzungen des § 280 I BGB liegen vor.
    2. Schritt: Verletzt der Schuldner eine Pflicht aus dem Schuldverhältnis, so kann der Gläubiger Ersatz des hierdurch entstandenen Schadens verlangen. Jedoch nur dann, wenn der Schuldner die Pflichtverletzung zu vertreten hat.
    3. Schritt: *Der dritte Schritt wird zur Verständlichkeit für den Leser in mehrere Sätze aufgespalten. Hier findet eine Inzidentprüfung statt, in der die einzelnen Tatbestandsmerkmale des § 280 I BGB geprüft werden.*

        1. Schritt: B hat eine Pflicht aus dem Schuldverhältnis verletzt.
        2. Schritt: Weil der Entleiher gem. § 604 Abs. 1 BGB dazu verpflichtet ist, die geliehene Sache nach Ablauf der für die Leihe bestimmten Zeit zurückzugeben.
        3. Schritt: B sollte dem A das Buch wieder zurückgeben. Daher war die Zeit der Leihe abgelaufen und A wollte das Buch von B zurück, der es jedoch nicht zurück geben konnte.

            1. Schritt: B hatte die Pflichtverletzung zu verschulden.
            2. Schritt: Denn gem. § 276 BGB hat der Schuldner Vorsatz und Fahrlässigkeit zu vertreten. Fahrlässig handelt, wer die im Verkehr erforderliche Sorgfalt außer acht lässt.
            3. Schritt: B hat ein wertvolles Buch, das es nur einmal auf der Welt gibt, entgegen der Vereinbarung zwischen ihm und A, nicht in seinem sicheren Safe in seinem Büro aufbewahrt. Statt dessen hat er es in seiner Wohnung offen und ungeschützt herumliegen lassen.

Im Studium ist der Urteilsstil nicht erwünscht und daher falsch. Sie werden diesen Stil bzw. die Urteilstechnik – wie bereits gesagt – im Referendariat erlernen. Im Referendariat werden Sie lernen, wie Sie juristische Urteile schreiben. Vermeiden Sie also – besonders am Anfang Ihres Studiums – die **sprachlichen Indikatoren** des Urteilsstils, wie „weil, denn, da". Grundsätzlich können und dürfen diese Wörter auch im Gutachten auftauchen. Allerdings ist die Gefahr gerade am Anfang des Studiums groß, dass Ihnen das negativ ausgelegt wird, mit der Randbemerkung des Prüfers „Urteilsstil".

4.3 Feststellungsstil – gemischter Feststellungsstil

Der Feststellungsstil ist im Gegensatz zum Gutachtenstil und Urteilsstil keine Technik, d.h. keine logische Gedankenführung. Dieser Stil ist tatsächlich ein **reiner Sprachstil**. Er stellt eine sprachliche Vereinfachung des Gutachtenstils bzw. des Urteilsstils dar.

Der sogenannte **Feststellungsstil** ist im Gegensatz zum Gutachtenstil und Urteilsstil kein logischer Schluss, sondern nur eine **Feststellung von Tatsachen**. Man benutzt den Feststellungsstil immer dann, **wenn ein Tatbestandsmerkmal offensichtlich vorliegt**. Daher verkürzt der Feststellungsstil entweder den Gutachtenstil (Gutachtentechnik) oder den Urteilsstil (Urteilstechnik). Das heißt, dass sich die Vier-Schritt-Prüfung des Gutachtenstils oder die Drei-Schritt-Prüfung des Urteilsstils auf einen einzigen Schritt, nämlich den der reinen Feststellung, verkürzt. Wenn ein Tatbestandsmerkmal im Sachverhalt offensichtlich erfüllt ist, dann genügt die Feststellung, dass es so ist. Es ist unnötig und daher falsch, eine offensichtliche Übereinstimmung des gesetzlichen Tatbestandsmerkmals mit der im Sachverhalt vorliegenden Realität exzessiv zu überprüfen. In einem Gutachten sollen nur die Tatbestandsmerkmale problematisiert werden, die auch tatsächlich diskussionswürdig sind. Das bedeutet, dass nur die problematischen Tatbestandsmerkmale einer Vier-Schritt-Prüfung unterzogen werden.

Der Gutachtenstil bedeutet eine genaue Untersuchung, während der Feststellungsstil eine sinnvolle Abkürzung der Gutachtentechnik darstellt, um dem Prüfer zu zeigen, dass man erkannt hat, worauf es im Gutachten ankommt und so die richtigen Schwerpunkte setzt. Ansonsten wird das Gutachten sprachlich unnötig aufgebläht.

Beispiele Feststellungsstil:
- Die Coladose ist eine bewegliche Sache.
- T handelte vorsätzlich.

Bei dem **gemischten Feststellungsstil** handelt es sich um **eine Mischform zwischen dem Gutachtenstil und dem Feststellungsstil**. Wie im reinen Feststellungsstil wird zunächst das Vorliegen des Tatbestandsmerkmals oder der Voraussetzung einer Sekundär- oder Hilfsnorm festgestellt. Dieser Feststellung werden noch weitere Informationen hinzugefügt, die dem 2. und 3. Schritt des Gutachtenstils zu entnehmen sind.

Dieser Stil ist äußerst praktisch, da er den oft umständlichen Gutachtenstil auf das Wesentliche verkürzt. In einer Klausur können Sie diesen Stil benutzen, wenn Sie sich nicht sicher sind, ob Sie ein Tatbestandsmerkmal ausgiebig prüfen sollen oder nicht. Mit der Benutzung dieses Stils können Sie sich sicher sein, dass Sie entscheidende Informationen in sprachlich kurzer und knapper Form dargestellt haben. Zum einen können Sie Ihr Wissen aufzeigen. Zum anderen brauchen Sie keine Angst vor der falschen Schwerpunktsetzung haben.

Beispiel:
Siehe oben, Beispiel des Erblassers E, der eine wertvolle Uhrensammlung hat.
Die Lösung mit der Gutachtentechnik sieht so aus:

- 1. Schritt: Fraglich ist, ob A Eigentümer der Uhrensammlung des E geworden ist.
- 2. Schritt: Gem. § 1922 BGB geht mit dem Tode einer Person deren Vermögen als Ganzes auf eine oder mehrere andere Personen (Erbe) über.
- 3. Schritt: E ist gestorben, und A ist sein Alleinerbe.
- 4. Schritt: Somit ist A der Eigentümer der Uhrensammlung geworden.

Die Lösung in der sprachlichen Form des gemischten Feststellungsstils kann so aussehen:
Indem A den verstorbenen E gem. § 1922 BGB als Alleinerbe beerbte, wurde er Eigentümer der Uhrensammlung des E.

4.4 Vergleich der Stile

	Gutachtenstil	Urteilsstil	Feststellungsstil
1. Schritt	**Frage**, ob z.B. der Tatbestand oder ein Tatbestandsmerkmal vorliegt oder nicht.	**Ergebnis**, ob z.B. der Tatbestand oder ein Tatbestandsmerkmal vorliegt oder nicht.	**Feststellung**, dass der Tatbestand oder das Tatbestandsmerkmal vorliegt oder nicht.

2. Schritt	**Überprüfung:** Allgemeine Aussage	**Begründung:** Allgemeine Aussage	
3. Schritt	**Subsumtion:** Feststellung und Vergleich	**Subsumtion:** Feststellung und Vergleich	
4. Schritt	**Ergebnis**		

Beispiel:
Täter T geht in einen Supermarkt, nimmt sich eine Coladose aus dem Regal und verlässt den Supermarkt, ohne für die Coladose zu bezahlen. Draußen angelangt, trinkt er die Cola aus. Wie hat er sich strafbar gemacht?

Bei der Überprüfung des § 242 I StGB gibt es folgende Lösungsmöglichkeiten:

Gutachtentechnik	Urteilstechnik	Feststellungsstil
Fraglich ist, ob die Coladose eine Sache ist.	Die Coladose ist eine Sache.	Die Coladose ist eine Sache.
Gem. § 90 BGB sind Sachen körperliche Gegenstände.	Gem. § 90 BGB sind Sachen körperliche Gegenstände.	
Die Coladose ist ein körperlicher Gegenstand.	Die Coladose ist ein körperlicher Gegenstand.	
Die Coladose ist eine Sache.		

Gemischter Feststellungsstil

Allerdings lässt sich – wie oben bereits beschrieben – der Feststellungsstil mit dem Gutachtenstil verknüpfen, so dass es zu einer Vermischung dieser beiden Stile kommt. Damit kein logisch falscher Schluss gezogen wird, muss man bei der Verwendung des gemischten Gutachten- und Feststellungsstils besondere Aufmerksamkeit walten lassen.

Beispiel:

Feststellungsstil	Gemischter Feststellungsstil
Die Coladose ist eine Sache.	Die Coladose ist eine Sache i.S.d. § 90 BGB. **oder** Die Coladose ist ein körperlicher Gegenstand und als solcher eine Sache i.S.d. § 90 BGB.

4.5 Wann benutze ich welchen Stil?

Problematische Tatbestandsmerkmale werden für den Leser im **Gutachtenstil, d.h. in der Vier-Schritt-Prüfung geprüft**, damit der Leser verstehen kann, weshalb der Verfasser gerade zu diesem und nicht zu einem anderen Ergebnis gekommen ist. So ist das Ergebnis, und damit auch der Gedankengang, für den Leser nachvollziehbar.

Unproblematische Tatbestandsmerkmale werden im Feststellungsstil festgehalten. Die Entscheidung darüber, ob ein Tatbestandsmerkmal offensichtlich vorliegt oder ob es diskussionswürdig ist, ist teilweise schwierig. Eine Patentlösung gibt es nicht, da Ihre Arbeitsleistung u.a. darin besteht, darüber zu entscheiden, wo Sie persönlich die Schwerpunkte Ihrer Arbeit sehen.

Beachten Sie bitte hierbei, dass Sie **für ein Fachpublikum schreiben**. Für Ihren Prüfer – als Jurist – sind viele Dinge offensichtlich und selbstverständlich. Es ist trotzdem wichtig diese offensichtlichen und selbstverständlichen Prüfungspunkte festzustellen. Denn erst wenn wir festgestellt haben, ob alle Tatbestandsmerkmale vorliegen, kann die Frage beantwortet werden, ob die gewünschte Rechtsfolge ausgelöst wird oder nicht. Das bedeutet, dass man kein Tatbestandsmerkmal überspringen darf. Lediglich die sprachliche Darstellung der Überprüfung, ob das Tatbestandsmerkmal nun vorliegt oder nicht, kann abgekürzt werden.

Der schriftliche Text Ihrer Klausur oder Hausarbeit muss Ihre Gedankenführung erkennen lassen, damit der Korrektor Ihr Ergebnis nachvollziehen kann. Ihre Gedankenführung wird durch die sprachliche Umsetzung für jeden Dritten plastisch. In der sprachlichen Umsetzung müssen Sie daher den jeweils geeigneten Stil verwenden, um bei einer Prüfungsaufgabe mit der zur Verfügung stehenden Zeit auszukommen und um dem Prüfer zu zeigen, dass Sie die **richtigen Schwerpunkte** gesetzt haben. Das bedeutet, dass nur die diskussionswürdigen Punkte im Gutachtenstil dargestellt werden müssen. Sie müssen nicht jeden logisch notwendigen aber im konkreten Einzelfall offensichtlichen Schritt tatsächlich schriftlich fixieren, damit er dem Korrektor zugänglich wird. Sie dürfen und müssen gewisse Gedankenschritte zusammenfassen. Der Mut zur richtigen Schwerpunktbildung ermöglicht Ihnen, auf **juristisch schwierige Stellen der Prüfungsaufgabe** intensiver einzugehen und etwa die unterschiedlichen Ansichten in Rechtsprechung und Literatur ausgiebig zu diskutieren. Sie können die Auswirkungen der verschiedenen Ansichten auf den konkreten Sachverhalt feststellen und sich bei unterschiedlichen Ergebnissen, also dann, wenn es nötig ist, für die Ansicht entscheiden, die den Prüfer überzeugt.

Die Prüfungsleistung besteht unter anderem darin, ein konkretes Ergebnis zu finden und dieses zu begründen, wobei es selten nur ein vertretbares Ergebnis gibt. Ob Ihre gewählte Antwort, d.h. die Lösung des Falles, in moralischer Hinsicht richtig oder falsch, gut oder schlecht ist, ist unerheblich. Für den Prüfer ist wichtig, dass Sie Ihre Antwort in der richtigen Struktur dargestellt und nachvollziehbar begründet haben und Sie vor allem auf die im Sachverhalt enthaltenen juristischen Probleme eingegangen sind. Wenn etwa jemand sowohl Täter als auch Teilnehmer sein kann, ist die genaue Abgrenzung zwischen Täterschaft und Teilnahme wichtig und dann die Entscheidung darüber, ob im konkreten Fall der T Täter oder Teilnehmer ist. Wenn T auf sein Opfer O geschossen hat und merkt, dass O sich noch bewegt, der T aber gleichwohl den Tatort verlässt, dann erwartet der Korrektor Ausführungen im Rahmen des § 24 StGB, d.h. die Prüfung eines möglichen Rücktritts vom Versuch.

Beispiele (gelten nicht unbedingt für Studienanfänger siehe unten!):

Falsch ist, im Gutachtenstil zu prüfen, d.h. Vier-Schritt-Prüfung:
- Eine Glasflasche darauf hin zu überprüfen, ob sie eine Sache ist. (Prüfung § 242 I StGB)
- Ob ein Schlag mit einer Axt, mit dem ein Arm abgeschlagen wird, eine Körperverletzung darstellt. (Prüfung § 223 I StGB)
- Ob ein Revolver, mit dem A den B angeschossen hat, eine Waffe i.S.d. § 224 I Nr. 2 StGB ist.

Richtig ist, im Gutachtenstil zu prüfen, d.h. Vier-Schritt-Prüfung:
- Eine Leiche dahingehend zu überprüfen, ob sie eine Sache ist. (Prüfung § 242 I StGB)

- Ob eine Ohrfeige, die eine Rötung auf der Wange hervorgerufen hat, eine Körperverletzung darstellt. (Prüfung § 223 I StGB)
- Ob ein beschuhter Fuß, mit dem A den B mehrfach getreten hat, ein gefährliches Werkzeug i.S.d. § 224 I Nr. 2 StGB ist.

Sollten Sie sich nicht entscheiden können, ob Sie Gutachtenstil oder Feststellungsstil verwenden wollen, können Sie auf die Mischform zurückgreifen. Da Sie Definition, Schlüsselwörter oder wichtige Sekundär- oder Hilfsparagraphen nennen, können Sie sicher sein, dass Sie durch diese Vorgehensweise zumindest keinen Punktverlust erleiden. Denn Sie nennen die entscheidenden Informationen, die für den Prüfer wichtig sein können.

Hinweis für Studienanfänger!

Als Studienanfänger ist es Ihre Aufgabe, den Gutachtenstil und damit die logische Gedankenführung zu erlernen. Daher gilt es, am Anfang des Studiums penibel darauf zu achten, dass Sie den Gutachtenstil einhalten. Gerade am Anfang Ihres Studiums sollen Sie Ihrem Prüfer mit Ihrer Lösung aufzeigen, dass Sie den Gutachtenstil (Gutachtentechnik) erlernt haben und beherrschen. Je weiter fortgeschritten Sie im Studium sind, desto eher können und müssen Sie die Prüfung in offensichtlichen Punkten abkürzen. Durch Abkürzungen an den richtigen Stellen beweist man, dass man die richtigen Schwerpunkte setzen kann und zeigt die notwendige Souveränität im Umgang mit dem Sachverhalt.

Beispiel:
Siehe obiges Beispiel, in dem A dem B das wertvolle Buch im Wert von 5.000,- € leiht:

1. Schritt: Möglicherweise hat A gegen B einen Anspruch auf Zahlung von 5.000,- €.
2. Schritt: Gem. § 283 BGB kann der Gläubiger unter den Voraussetzungen des § 280 I BGB Schadensersatz statt der Leistung verlangen, wenn der Schuldner nach § 275 Abs. 1 BGB nicht zu leisten braucht.

1. Schritt: *Die Fragestellung kann hier weglassen werden, da sich ein Jurist die Frage an dieser Stelle des Gutachtens denken wird, da sie offensichtlich ist. Denn durch die Einführung der Sekundärnormen §§ 280 I und 275 I BGB wird für einen juristisch versierten Leser klar, dass*

auf die Einführung eines Paragraphens in einem Gutachten danach nur die Überprüfung der Tatbestandsmerkmale erfolgen kann. Erst wenn eine Frage wichtig für den gedanklichen Zusammenhang und daher für den Leser nachzuvollziehen ist, muss dieser Schritt auch sprachlich bearbeitet werden.

2. Schritt: Gem. § 275 Abs. 1 BGB ist der Anspruch auf Leistung ausgeschlossen, soweit diese für den Schuldner oder für jedermann unmöglich ist.

3. Schritt: Das Buch gab es nur einmal auf der Welt. Durch den Wohnungsbrand ist es völlig zerstört.

4. Schritt: Daher kann das Buch von niemandem mehr zurückgegeben werden. Die Voraussetzungen des § 275 Abs. 1 BGB liegen somit vor.

1. Schritt: Fraglich ist, ob die Voraussetzungen des § 280 I BGB vorliegen.

2. Schritt / 3. Schritt / 4. Schritt (**gemischter Feststellungsstil**): Indem B dem A das Buch trotz seiner Rückgabeverpflichtung gem. § 604 Abs. 1 BGB nicht zurückgegeben hat, hat er eine Pflicht i.S.d. § 280 Abs. 1 BGB verletzt.

1. Schritt / 2. Schritt / 3. Schritt / 4. Schritt (**gemischter Feststellungsstil**): Indem B das Buch abredewidrig ungeschützt in seiner Wohnung deponierte, hat er die Pflichtverletzung auch gem. § 276 BGB, zumindest fahrlässig, zu vertreten.

3. Schritt: Die Voraussetzungen der §§ 283, 275 Abs. 1, 280 Abs. 1 BGB sind erfüllt.

4. Schritt: Folglich kann A von B Zahlung von 5.000,- € verlangen.

Sie sehen, dass der Feststellungsstil, bzw. der gemischte Feststellungsstil der sprachlichen Transparenz dient. Dieser Stil ist sprachlich nicht so holperig und eintönig wie der reine Gutachtenstil. Ferner können Sie unter Zuhilfenahme dieses Stils Schwerpunkte setzen. Dadurch gewinnt Ihr Gutachten an Individualität. Indem Sie den Mut beweisen, Schwerpunkte zu setzen, bekennen Sie Farbe. Denn mit der Schwerpunktbildung geben Sie zu erkennen, was Sie persönlich für diskussionswürdig halten und was nicht.

Diese Schwerpunktsetzung ist schwierig. Der Witz „Drei Juristen, aber vier Meinungen“ beinhaltet eine gravierende Wahrheit, nämlich, dass es sich über Gesetzesauslegung, Schwerpunktsetzung, Definitionen etc. trefflich streiten lässt. Sie werden sich in einer Klausur immer der Gefahr aussetzen, dass Ihr Prüfer eine andere Auffassung und Meinung von dem Streit bzw. der Lösung des Falles hat. Allerdings werden die Klausuren nicht danach benotet, ob Sie es geschafft haben, dieselbe Meinung zu treffen, die Ihr Prüfer vermeintlich vertritt, sondern ob Ihre Prüfungsleistung den Anforderungen **des juristischen Handwerks** genügt. Das bedeutet, dass Sie mit einer gut aufgebauten Klausur und einer guten Argumentation auch eine hohe Punktzahl erreichen werden, ohne dass Ihre Lösung mit der Meinung Ihres Prüfers übereinstimmen muss.

4.6 Verwendung des Konjunktivs

An dieser Stelle möchte ich auf die Verwendung des Konjunktivs eingehen. Eigentlich ist dies ein Thema, das zum Kapitel „Fachsprache Jura" gehört. Problemtisch ist jedoch, dass viele Studenten irrtümlich denken, der Gutachtenstil müsse immer mit Konjunktiv eingeleitet werden. Die Benutzung des Konjunktivs ist daher kein rein sprachliches Problem. Der Konjunktiv hat – neben anderen sprachlichen Ausdrucksformen – die Funktion, den ersten Schritt der Prüfung sprachlich kenntlich zu machen. Daher gehe ich an dieser Stelle auf die Verwendung des Konjunktivs ein.

Wenn ich Studenten in der Beratung frage, ob sie wissen, was der Gutachtenstil ist, dann höre ich oft die Antwort: „Ach, das mit dem Konjunktiv". Für Studenten scheint der Gutachtenstil gleichbedeutend mit der Verwendung des Konjunktivs zu sein. Dies ist jedoch ein Irrtum.

Zunächst wird mit dem Konjunktiv I eine Möglichkeit ausgedrückt. Man liest daher häufig den Einleitungssatz: „A **könnte** gegen B einen Anspruch auf Herausgabe **haben**.". Ob dies richtig formuliert ist, wird von den Prüfern nicht einheitlich bewertet.

Einige Prüfer sind der Ansicht, dass mit dem Einleitungssatz eine Frage aufgeworfen wird. Die Verwendung des Konjunktiv I ermöglicht eine indirekte Fragestellung. Daher sind sie der Ansicht, dass der genannte Einleitungssatz richtig ist.

Andere Prüfer sind der Meinung, dass man nur dann richtig formuliert, wenn man die Voraussetzungen nennt, damit sich der Sachverhalt unter einen bestimmten Tatbestand subsumieren lässt. Diese Prüfer bevorzugen die Formulierung im Indikativ: „A **hat** gegen B einen Anspruch auf Herausgabe, wenn die Voraussetzungen des § ... vorliegen."

Ich halte beide Möglichkeiten für korrekt. Wichtig ist nur bei der zweiten Variante, dass das Ergebnis nicht vorweggenommen wird, denn dann würde der Verfasser des Textes mit dem Urteilsstil operieren. In einem Gutachten an der Universität ist das falsch. Wenn Sie den Indikativ verwenden, sollten Sie sämtliche Voraussetzungen nennen, die für die Erfüllung des Tatbestandes notwendig sind.

Sie werden anhand der Randbemerkungen in Ihren Klausuren und den Besprechungen Ihrer Klausuren feststellen können, welcher Stil von Ihren Professoren und Dozenten bevorzugt wird und mit welcher Argumentation. Das wird Ihnen helfen, Ihren eigenen Stil zu finden.

4.7 Verwendung von Überschriften

Gerade Studienanfängern (aber auch noch Examenskandidaten) stellt sich häufig die Frage, ob zwischen den einzelnen Prüfungsschritten Überschriften verwendet werden oder nicht. Eine Patentlösung gibt es auch hier nicht. Allerdings möchte ich einige Empfehlungen aussprechen:

Zunächst einmal gilt die Überschrift nicht als Text. Das bedeutet, dass Sie die Überschrift nicht als Textbaustein verwenden dürfen, sondern den Inhalt der Überschrift noch einmal im Text mit aufnehmen müssen. Das wiederum bedeutet, dass die Überschriften keinen vollständigen Satz bilden dürfen. Sie dienen lediglich der Orientierung und sollten für den Leser, d.h. Prüfer, als Wegweiser dienen. Benutzen Sie bitte nur Stichpunkte und Paragraphen. Das erleichtert dem Prüfer die Nachvollziehbarkeit, bei welchem Prüfungspunkt Sie sich gerade in Ihrem Gutachten befinden.

Beispiel:
A leiht B seine Geige. Nach Ablauf der Leihfrist will er sie zurück. Die Geige ist jedoch zerstört.
Mögliche Überschriften:
A. Herausgabeanspruch des A gegen B aus § 985 BGB
A könnte gegen B einen Anspruch auf Herausgabe der Geige aus § 985 BGB haben.
An dieser Stelle folgt die weitere Prüfung.

B. Schadensersatzanspruch des A gegen B aus § 283 BGB
A hat gegen B einen Anspruch auf Schadensersatz, wenn ......
An dieser Stelle folgt die weitere Prüfung.

Beachten Sie bitte immer die Gliederungspunkte und die Gliederungsebene. Wer A. sagt, muss auch B. sagen; wer 1. sagt, muss auch 2. sagen! Das bedeutet, wenn Sie mit einer Gliederungsebene anfangen, müssen Sie zwingend auf dieser Ebene mindestens zwei Punkte nennen.

Beispiel:
A. Hat A gegen B einen Anspruch auf Herausgabe des Buches gem. § 985 BGB?
B. Hat A gegen B einen Anspruch auf Schadensersatz gem. § 280 I BGB?

Falsch wäre es, wenn Sie nur A., jedoch keinen weiteren Punkt auf der Gliederungsebene verwenden würden. Wenn man dennoch mit A. angefangen hat und nach mehreren Seiten feststellt, dass es kein B. gibt, kann man als Notlösung immer B. Ergebnis schreiben. Bei der Gliederungsebene 1. kann man 2. Zwischenergebnis schreiben.

Eine Gliederung im klassischen Sinne sieht folgendermaßen aus

A. ....
    I. ....
    II. ....
        1. ....
        2. ....
            a) ....
            b) ....
            c) ....
                aa) ....
                bb) ....
                    aaa) ....
                    bbb) ....
                cc) ....
            d) ....
        3. ....
    III. ....
B. ....

Bitte beachten Sie, dass bis zur dritten Gliederungsebene nur ein Punkt verwendet wird und ab der vierten Gliederungsebene nur eine Klammer. Falsch wäre daher 1.).

In Klausuren sollten **vier bis fünf Gliederungsebenen** vollkommen ausreichen. Ansonsten besteht die Gefahr, dass man sich zu sehr verzettelt und den Überblick verliert. In Hausarbeiten kann es demgegenüber schon einmal notwendig werden, dass man sechs oder sieben Gliederungsebenen benutzen muss, um der Lösung die notwendige Übersichtlichkeit zu geben. Es gibt jedoch keine strikte Regel, an die man sich halten könnte oder müsste. Im Laufe Ihres Studiums sollten Sie so viele Klausuren und Hausarbeiten wie möglich schreiben, um Ihren Weg zu finden.

Die Entscheidung darüber, wie viele Gliederungsebenen und wie viele Überschriften Sie verwenden sollten, hängt mit der optischen Übersichtlichkeit und der damit verbundenen Nachvollziehbarkeit für den Leser zusammen.

Übung

Lösen Sie einen Fall. Die schriftliche Ausarbeitung verfassen Sie als reinen Text ohne Überschriften und ohne eine Leerzeile zwischen den einzelnen Schritten zu lassen. Die andere Ausarbeitung verfassen Sie mit Überschriften und mit Leerzeilen zwischen den einzelnen Prüfungsschritten. Die beiden Schreibfassungen lassen Sie ca. 2 – 4 Wochen liegen, ohne dass Sie sich den Fall noch einmal vor Augen führen. Nach dieser Zeit (es kann auch länger sein) lesen Sie beide Fassungen. Sie werden feststellen, dass der reine Text viel schwieriger nachzuvollziehen ist als derjenige mit Überschriften und Leerzeilen zwischen den einzelnen Prüfungsschritten.

Je leichter Sie es dem Prüfer durch die Verwendung von Überschriften, Gliederungsebenen und Leerzeilen machen, Ihr Gutachten ohne zu stocken zu lesen, desto größer ist die Wahrscheinlichkeit, dass inhaltliche Fehler überlesen werden und der Prüfer geneigt ist, Ihnen eine verhältnismäßig gute Note zu geben. Denn die Zeit, die der Prüfer auf die Durcharbeitung Ihrer Lösung verwenden kann, ist sehr begrenzt.

Überschriften und Leerzeilen zwischen den einzelnen Prüfungsschritten sind optische Hilfsmittel für die Nachvollziehbarkeit Ihres Gedankengangs. Wie ich oben bereits beschrieben habe, stellen die Überschriften und Leerzeilen Wegweiser für den Prüfer dar. So kann er bei auftauchenden Fragen im Gutachten problemlos zurückblättern und schnell die Stelle Ihrer Prüfung finden, die er noch einmal überprüfen will.

Da Sie in Klausuren nur die Hälfte des Blattes (maximal 2/3) verwenden dürfen, ist es nicht sinnvoll, die Gliederungsebenen wie im obigen Beispiel einzurücken, so dass Sie für die dritte Gliederungsebene nur noch ca. 1/4 des Blattes zur Verfügung hätten. Es ist sinnvoll, vor großen Gliederungsebenen wie A. oder I. einen größeren Zeilenabstand einzuhalten als zwischen den einzelnen Prüfungsschritten in den nachfolgenden Gliederungsebenen.

5. Fachsprache Jura

5.1 Schriftsprache als Kommunikationsmittel

Die Schriftsprache ist ein effektives Mittel, um über eine größere Distanz zu kommunizieren. An einem anderen Ort kann der Leser unsere Gedanken erfahren und verstehen. Verständnisfragen, die beim Leser möglicherweise entstehen, können allerdings nicht durch Nachfragen behoben werden. Daher lautet die oberste Regel: **Verständlich schreiben**. Wie man das macht, wird im weiteren Verlauf dieses Kapitels geklärt.

Kommunikation mittels Sprache funktioniert folgendermaßen: Ein Individuum versendet seine Botschaft, indem der Inhalt in Wörter verschlüsselt wird. Der Empfänger der Botschaft entschlüsselt die Wörter, um den Inhalt der Botschaft verstehen zu können. Bezogen auf Ihre Aufgabenstellung bedeutet es, dass Sie Ihre Prüfungsleistung durch die von Ihnen verwendeten Wörter verschlüsseln und der Prüfer Ihre Worte entschlüsseln muss. Dieser Prozess unterliegt vielen Regeln, die dafür Sorge tragen, dass dieser Umwandlungsprozess funktioniert. Nur wenn dies gelingt, entstehen bei Ihrem Prüfer keine Verständnisfragen. Vereinfacht ausgedrückt lässt sich sagen, dass Sie im o.g. Sinne erfolgreich sind, wenn Sie sich so ausdrücken, dass der Prüfer genau das versteht, was Sie mit den von Ihnen verwendeten Worten meinen.

Folgende Regeln sind daher zu befolgen:

Fachsprache:
- Für dieselben Dinge dieselben Begriffe verwenden.
- Den Begriffsumfang der verwendeten Begriffe genau kennen.

Verständlich schreiben:
- Grammatikalisch richtig schreiben.

Kommunikationsprobleme vermeiden:
- Denselben Sachverhalt zu Grunde legen.
- Eine positive Erwartungshaltung haben.

5.1.1 Kommunikationsproblem Nr. 1: Vollständigkeit des Sachverhaltes

Problematisch ist, dass Menschen unbekannte Sachverhalte oder Sachverhaltslücken durch eigene Erwartungen, Erfahrungen oder Mutmaßungen schließen.

Beispiel:
Angenommen Anwalt A bekommt von seinem Mandanten M einen Sachverhalt vorgetragen. Er schreibt über diesen Sachverhalt ein rechtliches Gutachten. Er will die Meinung seines Freundes X, der Fachanwalt auf diesem Gebiet ist, einholen und übersendet ihm dazu sein Gutachten. A hat jedoch versäumt, den Sachverhalt aufzuschreiben. Aus dem Inhalt des rechtlichen Gutachtens kann X auf einen Sachverhalt schließen. Dazu bedient er sich zusätzlich zu den Informationen aus dem Gutachten seiner persönlichen Erfahrungen. Möglicherweise basiert der Inhalt des Gutachtens auf einem Sachverhalt, der dem X völlig fremd ist. Dann steht dem X kein vergleichbarer Sachverhalt aus seinen vergangenen Erfahrungen zur Verfügung. Das führt zu dem Problem, dass er die für ihn nicht nachvollziehbaren Lücken des Sachverhaltes mit Mutmaßungen schließt, die seinen eigenen Erwartungshaltungen entsprechen.

Das gilt nicht nur für Anwälte, das gleiche Problem besteht auch zwischen Studenten oder zwischen dem Studenten und dem Prüfer. Denn die o.g. Technik, sich einen Sachverhalt aus seinen eigenen Erfahrungen zu erschließen, funktioniert sehr häufig und ist daher in unserem Alltag von großer Bedeutung. Wir alle leben damit. Die Probleme, d.h. die **Verständnisschwierigkeiten und Irrtümer**, beginnen dann, wenn die Lücken nicht durch unseren Erfahrungsschatz so geschlossen werden können, wie es der Wirklichkeit entspricht. Dann legt X – wie in unserem Beispiel – einen anderen Sachverhalt zugrunde und wird diesen naturgemäß ganz anders beurteilen. Das ist ein Grundproblem, dem viele weitere Kommunikationsprobleme folgen. Wurde der Sachverhalt nicht vollständig zwischen den Parteien geklärt, kann daraus keine fundierte Lösung entstehen. Es kann sich keine korrekte juristische Diskussion desselben Sachverhaltes anschließen. Im Ergebnis kommt man zu falschen Schlussfolgerungen, da die Parteien von unterschiedlichen Sachverhalten in der Diskussion ausgehen.

Wie Sie denselben Sachverhalt wie Ihr Prüfer zugrundelegen, können Sie im 6. Kapitel „Klausurentechnik“ nachschlagen.

5.1.2 Kommunikationsproblem Nr. 2: Einfluss der Erwartungshaltung

Ein weiteres Kommunikationsproblem existiert dann, wenn Sender und Empfänger der Botschaft unterschiedliche Erwartungshaltungen hinsichtlich der Lösungsfindung haben.

Beispiel:
Angenommen A hat dem X den Sachverhalt richtig und vollständig übermittelt. Dann können A und X die rechtlichen Probleme des Sachverhaltes diskutieren, um eine Lösung zu finden. Bei dieser Diskussion kann die jeweils eigene Erwartungshaltung gegenüber den Äußerungen des jeweils anderen im Wege stehen. So führen z.B. unterschiedliche moralische Einstellungen oder andersartige Erfahrungen in der Vergangenheit auch zu unterschiedlichen Erwartungshaltungen und Interpretationen des von dem Anderen Gesagten. Jemand der häufig positive Erfahrungen mit Richtern oder Polizisten hatte, wird in Zukunft immer eine positive Einstellung zu ähnlichen Situationen haben. Jemand, der überwiegend negative Erfahrungen gemacht hat, wird naturgemäß tendenziell eine negative Einstellung entwickeln und auch dementsprechend negativ urteilen.

5.1.3 Kommunikationsproblem Nr. 3: Verwendung der juristischen Fachsprache

Die Kommunikation ist gestört, wenn verschiedene Sprachen benutzt werden. Verständlich ist dies in Fällen, in denen z.B. ein Franzose und ein Russe sich in der jeweils eigenen Sprache unterhalten wollen. Es ist offensichtlich, dass dies nicht funktionieren kann. Genauso ist die Kommunikation zwischen Juristen und juristischen Laien gestört, wenn sich der Jurist der **juristischen Fachbegriffe** bedient. Vielfach vernachlässigt wird, dass der juristische Laie eine ganz andere Vorstellung von den Worten des Juristen hat. Der Jurist, geübt im Umgang und vertraut mit der Bedeutung der juristischen Fachwörter, vergisst, dass der juristische Laie den Umfang und die Bedeutung seiner Worte gar nicht versteht. Das ist ein Problem; denn häufiger fällt es bei solchen Gesprächen nicht auf, dass beide aneinander vorbeireden. Es ist faktisch so, als rede der Franzose mit dem Russen, nur fällt keinem auf, dass man sich nicht versteht, da vordergründig doch nur Deutsch gesprochen wird. Besteht dieser Irrtum auch nur in einem Punkt, kann das Resultat ein völlig anderes sein.

Das Problem besteht auch in der umgekehrten Folge. Ihr Prüfer erwartet von Ihnen, dass Sie die entsprechenden Fachbegriffe verwenden und nicht wie ein Laie die Dinge nur beschreiben. In Prüfungen müssen Sie daher zwingend die Fachbegriffe verwenden.

5.2 Fachbegriffe

Obwohl der Jurist sich in der Regel nur deutscher Begriffe bedient, handelt es sich dennoch um eine Fachsprache. In der Regel benutzt der Jurist keine Fremdwörter oder Fremdsprachen. Andere Sprachen finden jedoch immer mehr Anwendung; so ist zu erwarten, dass demnächst in Wirtschaftsprozessen die englische Sprache vor deutschen Gerichten zugelassen wird. Auch im europäischen Rechtsraum sind die Sprachen der Mitgliedsstaaten von großer Bedeutung. Dennoch ist die Gerichtssprache deutsch, so dass die Fachsprache der Juristen hauptsächlich aus vermeintlich gewöhnlichen deutschen Wörtern besteht. Lateinische Begriffe sind selten notwendig.

Problematisch ist, dass Juristen an gängige deutsche Wörter einen ganz anderen Sinn knüpfen, als es ein Laie je tun würde. Genauso wie Sie englische Vokabeln auswendig gelernt haben, werden Sie in Ihrem Studium die Fachwörter und deren Bedeutung auswendig lernen müssen.

Beispiel:

- Ein Laie sagt: Ich habe das Buch, das Buch gehört mir.
- Ein Jurist unterscheidet zwischen Besitz und Eigentum. A kann ein Buch in der Hand halten, damit hat er den unmittelbaren Besitz begründet. Er muss jedoch nicht zwangsläufig Eigentümer des Buches sein. Diese Unterscheidung ist für die Beurteilung eines Sachverhaltes jedoch von immenser Wichtigkeit, denn ein Besitzer hat bei weitem nicht die Rechte inne, die ein Eigentümer hat. Kein Laie würde sagen, „ich bin der unmittelbare Besitzer dieses Buches“.

Die Fachsprache dient dem Zweck, unter Juristen **präzise** und damit **effektiv zu kommunizieren**. Das wird dadurch erreicht, dass einem Begriff eine juristische Bewertung zugeordnet wird. Dadurch vermeidet man umständliche Beschreibungen.

Weitere **Beispiele** sollen dies verdeutlichen:

- Ein Jurist unterscheidet zwischen Verträgen und Rechtsgeschäften. Rechtsgeschäfte können einseitig oder zweiseitig sein. Ein Vertrag ist immer zweiseitig. Das bedeutet, dass jeder Jurist weiß, dass es sich bei dem Wort „Vertrag" nur um ein zweiseitiges Rechtsgeschäft handeln kann.

- Häufiges Missverständnis eines Laien besteht zwischen Diebstahl und Unterschlagung. Ein Laie sagt eigentlich immer, dass A dem B „was geklaut hat", obwohl es juristisch korrekt hieße, A hat das Messer des B unterschlagen.
- Das gleiche Problem besteht auch bei dem Tatbestand der Erpressung. Eine Erpressung liegt dann vor, wenn jemand rechtswidrig mit Gewalt oder durch Drohung mit einem empfindlichen Übel einen anderen zu einer Handlung, Duldung oder Unterlassung nötigt und dadurch dem Vermögen des Genötigten oder eines anderen einen Nachteil zufügt, um sich oder einen Dritten zu Unrecht zu bereichern. Ein Laie verwendet den Begriff der Erpressung, obwohl meistens als juristisch korrekter Begriff der der Nötigung benutzt werden muss.
- Ein Laie sagt auch: A hat Drogen genommen. Für einen Juristen ist dies unspezifisch. Drogen sind im allgemeinen Sprachgebrauch auch Zigaretten und Alkohol. Ob jedoch jemand gegen das Betäubungsmittelgesetz verstoßen hat, hängt davon ab, ob A i.S.v. § 29 Abs.1 Nr. 3 BtMG i.V.m. den Anlagen 1 bis 3 zum BtMG Betäubungsmittel besitzt, ohne zugleich im Besitz einer schriftlichen Erlaubnis für den Erwerb zu sein.
- Der Jurist benutzt gerne das Wort grundsätzlich. Wir Juristen meinen damit, dass ein Prinzip existiert, von dem es jedoch (viele) Ausnahmen geben kann. Daher knüpfen wir daran die Erkenntnis, dass bei der Überprüfung des Sachverhaltes, ob dieses Prinzip einschlägig ist, auch seine sämtlichen Ausnahmen überprüft werden müssen; so kommt man zu dem Ergebnis, ja, der Grundsatz ist hier in diesem Fall einschlägig, oder nein, in diesem konkreten Sachverhalt greift die Ausnahme. Der juristische Laie denkt jedoch, dass es sich bei der Verwendung des Wortes grundsätzlich um einen unumstößlichen Grundsatz handelt, von dem es gar keine Ausnahmen gibt. Der juristische Laie hat damit eine völlig andere Erwartungshaltung.

Ich empfehle Ihnen dringend, ein **Vokabelheft** anzulegen. Das bringt entscheidende Vorteile auch für das Lernen. Je konkreter Sie den Umfang und den Inhalt eines Begriffes kennen, desto besser sind Sie in der Lage auch präzise zu schreiben. In diesem Vokabelheft sollten Sie nicht nur einzelne Begriffe und deren Definitionen festhalten, sondern auch gängige Formulierungen mitaufnehmen. Für die Beschreibung einer Situation bzw. eines Zustandes müssen Sie zwingend das vorgeschriebene Wort benutzen.

Beispiel:
Richtig: Aussagen sind glaubhaft und Personen sind glaubwürdig.

Falsch: Aussagen sind glaubwürdig und Personen glaubhaft.

Sie werden dieses Vokabelheft im Referendariat noch verfeinern. Im Referendariat werden Sie sehen, dass auch bestimmte grammatische Konstruktionen eine inhaltliche Bedeutung haben. So wird der Konjunktiv I dafür genutzt, den streitigen Tatsachenstoff darzustellen, während das Imperfekt (Praeteritum) für den unstreitigen Sachvortrag genutzt wird.

Fachsprache Jura bedeutet also, dass mit bestimmten Begriffen (konkrete Worte) etwas Bestimmtes, also mit ganz konkreten Vorstellungen und fachlichen Inhalten verbunden wird. Diese bestimmten Begriffe haben für einen Juristen einen geistigen, abstrakten Gehalt. Diesen geistigen und abstrakten Gehalt, bzw. Inhalt, des Wortes müssen Sie kennen. Erst wenn Sie den Inhalt des Wortes kennen, können Sie es richtig benutzen. Durch falsch benutzte Wörter sieht der fachlich versierte Jurist die Wissenslücken des anderen.

5.3 Wissenschaftlicher Schreibstil

Der allgemeine wissenschaftliche Schreibstil ist für die **sprachliche Begründung unserer Lösung** notwendig. Mit einer Begründung schafft man eine Grundlage für etwas, bringt man Argumente hervor, führt man Gründe für seine Entscheidung an, kann man seine Ansichten und Meinungen begründen. Synonyme für begründen sind argumentieren und verdeutlichen. Vertiefen können Sie den wissenschaftlichen Schreibstil mit dem Buch von Helga Esselborn-Krumbiegel aus der Uni-Tipps-Reihe des Schöningh Verlages: „Richtig wissenschaftlich schreiben. Wissenschaftssprache in Regeln und Übungen“.

Das wissenschaftliche Schreiben lässt sich wiederum in mehrere Kompetenzen aufteilen:
- Ein großer Wortschatz
- Wissenschaftlich präzises Schreiben
- Sachlichkeit / Objektivität / Neutralität

5.3.1 Ein großer Wortschatz

Häufig bedient man sich immer der gleichen Worte. Man kennt zwar viele, aber man benutzt sie kaum. Sie können Ihren Wortschatz vergrößern, indem Sie sich täglich ein paar Gedanken zu einzelnen Wörtern machen. Je mehr Begriffe Sie zur Auswahl haben, desto präziser können Sie formulieren.

Beispiel:

aufdringlich: unverschämt, vertraulich, zudringlich, lästig, frech, plump, belästigend, auffallend, reißerisch

Je konkreter der Begriff ist, den Sie verwenden, desto präziser ist Ihr sprachlicher Ausdruck und umso verständlicher ist Ihr Text für den Korrektor. Der konkretere Begriff ist also dem abstrakteren Begriff immer vorzuziehen. Wort und Bedeutung müssen übereinstimmen! **Mehrdeutigkeit ist zu vermeiden.**

Übung

Suchen Sie für das, was Sie sagen wollen, immer andere Wörter, um sich selbst Klarheit darüber zu verschaffen, welches der sachlichste und präziseste Ausdruck ist! Bei dieser Übung verwenden Sie bitte das Bedeutungswörterbuch (Duden), um sich den Bedeutungsumfang des konkreten Wortes zu verdeutlichen! Dadurch fällt die Entscheidung leichter, welcher Begriff der präzisere und konkretere ist.

Lösungsvorschlag

- Verwenden Sie nicht müde, wenn der Ausdruck erschöpft oder ausgelaugt präziser wäre.
- Verwenden Sie nicht den Begriff Rechtsgeschäft, wenn ein Vertrag vorliegt.
- Verwenden Sie nicht Glaubwürdigkeit, wenn es sich um Aussagen handelt, die glaubhaft sind.
- Verwenden Sie nicht Klagen werden zurückgewiesen, denn nur Anträge können zurückgewiesen werden, Klagen werden abgewiesen.

Ich empfehle Ihnen, diese Übung mit Hilfe des Bedeutungswörterbuches (Reihe Duden) auszuführen. Sie werden sehen, dass Sie bereits nach ein paar Tagen ein verbessertes Sprachempfinden entwickeln. Diese Übung ist insbesondere für Menschen geeignet, deren rechte Gehirnhälfte dominanter ist und die daher in Bildern denken. Für sie ist es wichtig, die Bilder mit den richtigen Begriffen zu verknüpfen. In Stresssituationen geraten Sie dann weitaus weniger in die Gefahr, dass Ihnen das richtige Wort auf der Zunge liegt, Sie es aber nicht zu Papier bringen können.

5.3.2 Wissenschaftlich präzise formulieren

Wissenschaftlich präzise formulieren bedeutet, dass man seinen Gedankengang so formuliert, dass keine Missverständnisse möglich sind.

Wichtige Prinzipien:

- Eindeutigkeit
- Das richtige Wort für die gemeinte Sache
- Dieselbe Sache auch identisch bezeichnen
- Adressatenkreis beachten
- Verwendung der richtigen Fachbegriffe, d.h. Kenntnis über den Bedeutungsinhalt und Bedeutungsumfang der Fachbegriffe eines Juristen
- Genauigkeit
- Logisch und widerspruchsfrei schreiben
- Knappheit des Ausdrucks (Kürze darf nie auf Kosten der Genauigkeit gehen!)
- Verständlichkeit
- Vermeidung von Klischees
- Schlichtheit, kein Aufblähen durch unnötigen Gebrauch von Fremdwörtern, Füllwörtern, Füllsätzen und Adjektiven

Das richtige Wort für die gemeinte Sache verwenden.

Beispiel:
Und bedeutet etwas anderes als ***aber.*** *Grundsätzlich* bedeutet etwas anderes als *ausnahmslos.*

Als Verfasser juristischer Texte müssen Sie zwingend den **Adressatenkreis beachten**. Für wen Sie schreiben, ist die erste Frage, die geklärt werden muss. In der Prüfungssituation schreiben Sie immer für ein Fachpublikum. Daher müssen Sie zwangsläufig die richtigen Fachbegriffe verwenden. Sie können sich dabei sicher sein, dass auch Ihre Prüfer sowohl die Bedeutungsinhalte als auch deren Umfang kennen. Die Verwendung von Fachbegriffen ist eine Erleichterung; so muss man komplexe Inhalte nicht umständlich erklären. Ihr Gegenüber weiß um den Inhalt und die Tragweite Ihrer Wörter. Durch die Verwendung der richtigen Fachbegriffe (Fachsprache) zeigen Sie Ihrem Prüfer, dass Sie Kenntnis über den Bedeutungsinhalt und -umfang des verwendeten Fachbegriffs haben. Haben Sie die erforderliche Kenntnis vom Bedeutungsinhalt, können Sie die jeweiligen Begriffe sauber gegeneinander abgrenzen und in der Klausurensituation die zutreffenden Tatbestände bejahen.

Beispiel:
Aberatio ictus oder Error in Persona, Vertrag oder empfangsbedürftige Willenserklärung

Wichtig ist, dass **ein und dieselbe Sache auch immer identisch bezeichnet** wird. Von der Schule her kennen Sie sicher noch die Regel, dass man abwechslungsreich schreiben soll. Daher bemühte man sich in der Schule, nicht immer die gleichen Worte zu verwenden, sondern die Worte durch ähnliche Worte zu ersetzen. Diese Regel gilt nicht für wissenschaftliche Texte! In einem wissenschaftlichen Text dürfen verschiedene Begriffe nicht für ein und dieselbe Sache verwendet werden, denn das stiftet Verwirrung beim Leser. Der *Werkvertrag* wird immer als Werkvertrag bezeichnet und nicht einmal als *Abmachung* und ein anderes Mal als *Vereinbarung*.

Beispiel:
Wenn im Sachverhalt einer Klausur z.B. Person A von einer Abmachung vom 1.1.2011 spricht und Person B von einer Vereinbarung am 2.2.2011, untersuchen Sie, ob in dieser Abmachung oder jener Vereinbarung ein wirksamer Werkvertrag zu erblicken ist, grenzen ggf. gegen den Dienstvertrag ab und verwenden den Begriff der Abmachung oder Vereinbarung nur, soweit dies erforderlich ist, um dem Leser zu verdeutlichen, was Sie gerade untersuchen und zu welchem Ergebnis Sie in Bezug auf die Abmachung oder Vereinbarung gekommen sind.

Tipp

>> Wissenschaftlich schreiben heißt eindeutig formulieren und dadurch Ungenauigkeiten oder Vagheiten vermeiden.

Schreiben Sie **logisch, d.h. widerspruchsfrei, zusammenhängend und folgerichtig**. Wie Sie dies erreichen, haben wir bereits im 3. und 4. Kapitel „Grundlagen der Logik“ und „Gutachtenstil“ näher erläutert.

Verwenden Sie eine **schlichte Sprache** und blähen Sie Ihren Text nicht durch den Gebrauch von unnötigen Fremdwörtern, Füllwörtern, Füllsätzen oder Adjektiven auf. Beachten Sie bitte, dass es sich bei den hier genannten Fremdwörtern nicht um Fachbegriffe handelt, die Sie zwingend benutzen müssen. Sie benötigen keine Fremdwörter, um wissenschaftlich gut und präzise zu schreiben. Gerichtssprache ist Deutsch. Sehr selten ist es notwendig, einen lateinischen Begriff zu verwenden. Wenn Sie ein Liebhaber von Fremdwörtern (nicht Fachbegriffen!) sind, dann können Sie die Begriffe in gut dosiertem Maße verwenden. Ich empfinde den Gebrauch von Fremdwörtern als störend und verwende sie daher nicht. Das ist jedoch keine unumstößliche Regel, sondern als Empfehlung zu verstehen.

Beispiele für lateinische Fachbegriffe, die zwingend zu verwenden sind:
- invitatio ad offerendum
- actio libera in causa
- dolus eventualis
- sukzessive Mittäterschaft

Beispiele für Fremdwörter, an die ein Jurist keine rechtliche Bedeutung knüpft:
- stringent
- obsolet
- verifizieren
- eruieren

Beispiele für Füllwörter:
- praktisch
- auch
- quasi

Adjektive sind in der wissenschaftlichen Sprache selten nötig. Wenn ein Tatbestandsmerkmal aus einem Adjektiv besteht (wie z.B. habgierig), muss es zwangsläufig im Gutachten benutzt werden.

Beispiele für unnötige Adjektive:
- Es interessiert nicht, ob A von B einen **hübschen** und **modischen** PC erworben hat, sondern ob er z.B. einen Anspruch auf Herausgabe des Computers hat.
- Angenommen Sie haben einen Erbrechtsfall zu bearbeiten. Es ist für die Lösung des Falles unerheblich, ob die Leiche bereits seit Monaten im Wasser lag und jetzt **fürchterlich schlimm** und **übel** zugerichtet ist und **faulig**, **moderig** oder sonst wie geartet ist.

Beispiele für wichtige Adjektive:
- Bei der Überprüfung des § 221 StGB „Aussetzung" müssen Sie prüfen, ob ein Mensch in eine **hilflose** Lage versetzt wurde.
- Bei der Überprüfung des § 211 StGB „Mord" müssen Sie prüfen, ob die Tötung eines Menschen **grausam** oder **heimtückisch** erfolgte.

Verzichten Sie auf Überflüssiges. Reinigen Sie Ihre Gedanken. Vermeiden Sie alles, was Ihre Gedankenführung stört oder schwächt. Denn durch überflüssige Wörter wird Ihr Gedanke, bzw. der Inhalt Ihrer Aussage auseinandergerissen und für einen Leser schwerer verständlich. Ihr Text verliert bei der Verwendung von überflüssigen Wörtern an Schärfe.

Beispiel für Abschwächung des Gedankens:
- Vielleicht könnte man der Ansicht sein, dass ....
- Eventuell, möglicherweise ......

Problematisch sind **Lieblingswörter**, die man gerne an geeigneter oder ungeeigneter Stelle verwendet. Sollten Sie z.B. „quasi" sehr häufig verwenden, wird der Gedankenfluss des Lesers gestört, da der Gedanke auseinandergerissen wird. Sollte Ihr Lieblingswort „praktisch" sein, kann die Verwendung dieses Wortes an ungeeigneter Stelle den Leser sogar verwirren. Er assoziiert mit dem Wort „praktisch" vielleicht einen Gegenstand, der für ihn praktisch ist. Das lenkt den Leser von seinem Gedankenfluss ab. Seine rechte Gehirnhälfte wird aktiviert, er assoziiert und landet dadurch in Gedanken ganz woanders, als Sie ihn haben wollen. Sollten Sie das Wort „aber" gerne benutzen, so müssen Sie besonders vorsichtig sein.

Denn das Wort „aber" hat eine ganz bestimmte Funktion: Mit „aber" wird ein Gegenargument eingeleitet.

Tipp

Sie können leicht feststellen, ob ein Wort oder Satzelement überflüssig ist, indem Sie sich den Satz nochmals ohne das Wort oder das Satzelement im Geiste sagen. Sollte der Satz auch ohne das Wort oder das Satzelement auskommen und weiterhin verständlich sein, ist es wohl überflüssig gewesen.

Der **wichtigste Gedanke sollte vor allem bei der Themen- bzw. Seminararbeit** in einem Absatz **vorangestellt werden**. Für das Gutachten beachten Sie bitte die Sonderregeln, die wir bereits im 4. Kapitel „Gutachtenstil" erörtert haben! Innerhalb eines Satzes sollte das wichtigste Wort möglichst weit vorne platziert werden. Das Wesentliche voranzustellen ist deswegen wichtig, weil der Leser sofort erkennt, worum es geht und worauf es ankommt. Wenn Sie einen wissenschaftlichen Text schreiben, beginnen Sie mit der These. Sie schreiben keinen Roman, in dem Sie einen Spannungsbogen aufbauen und erst nach und nach die wichtigen Details erzählen. In wissenschaftlichen Texten geht es um deren Transparenz, um Genauigkeit und Nachvollziehbarkeit für den Leser.

Ordnen Sie Ihre Gedanken nach **tragenden Gedanken** und **Nebengedanken**. Die tragenden Aspekte Ihres Gedankens sollten auch für den Leser nach außen hin erkennbar sein. Die deutsche Sprache lässt genügend Raum, bestimmte Informationen hervorzuheben. Je nachdem, wie Sie formulieren, können Sie Ihre Informationen gewichten und den Blick des Lesers auf die wichtigen Informationen lenken.

Beispiel:

1. **A verlieh** B seinen Schönfelder.
2. **Dem B** hat A seinen Schönfelder geliehen.
3. **Seinen Schönfelder** hat A dem B geliehen.
4. **Geliehen** hat A dem B seinen Schönfelder.

A verlieh B seinen Schönfelder.
Hier liegt die Betonung auf der Tat, dass A dem B seinen Schönfelder nicht verkauft oder zugeworfen hat etc.. Es beschreibt, was A mit seinem Schönfelder gemacht hat.

Dem B hat A seinen Schönfelder geliehen.
Hier liegt die Betonung auf dem Objekt (Dativobjekt), wem also der Schönfelder verliehen wurde. Der Verfasser lenkt die Betrachtung also dahingehend, dass B und nicht etwa C oder D den Schönfelder erhalten hat.

Seinen Schönfelder hat A dem B geliehen.
Hier liegt die Betonung auf dem Akkusativobjekt, was also verliehen wird. Es wurde gerade der Schönfelder und nicht etwa der Satorius verliehen.

Geliehen hat der A dem B seinen Schönfelder.
Hiermit wird suggeriert, dass der A seinen Schönfelder noch nicht von B zurückbekommen hat.

Sie sehen also, je nachdem wo man welche Information platziert, erhält man einen anderen Schwerpunkt. Durch eine exakte Schwerpunktsetzung kann man den Blick des Lesers gut lenken. Dies erfordert jedoch viel Übung. Daher gilt es, so viel wie möglich zu schreiben.

5.3.3 Sachlichkeit, Objektivität und Neutralität

Sachlichkeit, Objektivität und Neutralität sind die obersten Gebote eines Juristen. Diese Gebote einzuhalten, ist bei jeder Erstellung eines juristischen Textes von äußerster Wichtigkeit. Daher gilt dies auch für eine Klausur, Hausarbeit und Themen- bzw. Seminararbeit. **Schreiben Sie grundsätzlich nie in der ersten Person Singular**, also der Ich-Form! Einzige Ausnahme ist, wenn nötig, das Fazit in Ihrer Themenarbeit. Selbst Anwälte schreiben nicht „meiner Meinung nach..." sondern maximal: „Die Unterzeichnerin ist der Auffassung, dass ...". Gewöhnen Sie es sich daher ab, in der Ich-Form zu schreiben.

Ironie, Spott, Übertreibungen oder Untertreibungen sind in wissenschaftlichen Texten **fehl am Platz**. Dies gilt ebenso für Ihre Gefühle oder moralischen Ansichten, die sich nicht mit Rechtsprechung oder Literatur belegen lassen.

Wichtig ist auch, dass Sie **Klischees und Phrasendrescherei vermeiden**. Dies mindert die Überzeugungskraft Ihres Gutachtens.

5.4 Allgemeine Sprachregeln für einen guten Ausdruck

Es gibt einige grundsätzliche Regeln, die Sie befolgen sollten, um sich gut auszudrücken. Ich kann an dieser Stelle nur einen kurzen Überblick über die Problematik geben. Einen vertieften Einblick erhalten Sie in dem Buch aus der Uni-Tipps-Reihe des Schöningh Verlages von Helga Esseborn-Krumbiegel: „Richtig wissenschaftlich schreiben. Wissenschaftssprache in Regeln und Übungen".

Zunächst ist die Frage zu klären, was ein guter Ausdruck ist. Ein guter Ausdruck wird dann erreicht, wenn der zu übermittelnde Gedanke klar erkennbar und nachvollziehbar für einen Dritten nach außen tritt. Dafür gibt es einige sprachliche Regeln.

Einen guten Ausdruck erreicht man durch:

- Richtige Verwendung der Grammatik
- Leicht verständliches Layout, bzw. leserliche Handschrift
- Hauptsachen in Hauptsätze, Nebensachen in Nebensätze
- Kurze Hauptsätze, wenige Nebensätze, kaum Schachtelsätze
- Nominalstil sinnvoll verwenden
- Aktiv und Passiv richtig einsetzen
- Positive Begriffe, keine Verneinung

Sollten Sie die Regeln der deutschen Grammatik nicht ausreichend beherrschen, rate ich Ihnen eine **Kurzgrammatik** anzuschaffen. Damit lassen sich einige Probleme sicher und schnell lösen.

Ich möchte darauf hinweisen, dass das **Layout**, bzw. die **leserliche Handschrift** wichtig für die Verständlichkeit Ihres Textes ist. Ist Ihre Handschrift gut leserlich, kann der Prüfer Ihr Gutachten schneller und leichter lesen. Er wird nicht immer wieder aus dem Gedankenfluss herausgerissen, weil er zunächst Ihre Handschrift entziffern muss. Bemühen Sie sich daher bitte um eine gute und leicht leserliche Handschrift. Für das Layout gibt es ohnehin Vorschriften, auf die ich im Kapitel Hausarbeiten näher eingehen werde.

Hauptsachen in Hauptsätze, Nebensachen in Nebensätze

Machen Sie Ihre Hauptsache auch sprachlich zur Hauptsache, indem Sie sie in einem Hauptsatz darstellen. Legen Sie nicht erst mit einer Einleitung los, um dann nach einem Spannungsbogen die Kurve zur wichtigen Information zu bekommen. Dies können Sie in einem Roman machen, nicht in einem wissenschaftlichen Text.

Beispiele:
- Hier im vorliegenden Fall (unnötige Einleitung, denn welcher Fall sollte sonst gemeint sein?)
- Es kann gesagt werden, dass ....

Kurze Hauptsätze, wenige Nebensätze, kaum Schachtelsätze

Es gibt keine starre Regel, wie formuliert werden sollte. Nur kurze Hauptsätze aneinandergereiht wirken hölzern und holprig. Daher rate ich zu einer Mischung zwischen Hauptsätzen mit und ohne Nebensätzen und auch durchaus zu Schachtelsätzen. Es gibt Menschen, die einen Schachtelsatz derart verständlich gestalten können, dass der komplexe Satzaufbau dem Gedanken nicht abträglich ist. Ein Meister der Schachtelsätze ist Thomas Mann, der es schafft, einem Satz eine halbe Seite zu widmen und dabei sehr verständlich und nachvollziehbar zu bleiben. Regeln, wie viele Nebensätze oder Schachtelsätze man verwenden sollte, um noch nachvollziehbar zu bleiben, können Sie im 4. Kapitel des Buches „Richtig wissenschaftlich schreiben" nachlesen. Durch Übung werden Sie Ihren eigenen Weg finden. Dies gelingt Ihnen erfahrungsgemäß am leichtesten, wenn Sie mit einer klaren und einfachen Struktur beginnen und sie dann weiter entwickeln.

Es gibt mehrere Möglichkeiten:

1. Ein Hauptsatz
2. Mehrere Hauptsätze werden verbunden
3. Hauptsatz und Nebensatz, bzw. mehrere Nebensätze werden verbunden
4. Schachtelsätze

Je einfacher die Struktur eines Satzes ist, desto verständlicher ist sein Inhalt. Je komplizierter der Satzbau, desto fehleranfälliger und schwerer verständlich ist der Inhalt. Vermeiden Sie daher unnötig lange Sätze, womit Sie auch Kommafehler umgehen können. Vereinfachen Sie Ihren Satzbau. Die Ideallänge einer Satzeinheit liegt zwischen 6 und 15 Wörtern.

Wenn Sie Übungsklausuren schreiben, verwenden Sie zunächst einen einfachen Schreibstil, d.h. nur kurze Hauptsätze. Sie werden sehen, dass dies sich im Ergebnis meist nicht schön liest. Das ist eher wie ein Stakkato- Stil. Es hilft Ihnen jedoch dabei, Ihre Gedanken zu sortieren. Ein Satz bedeutet: ein Gedanke. Auf diese Art und Weise können Sie gleichzeitig den logischen Aufbau einer Klausur trainieren. Je leichter Ihnen die Gedankenführung nach der Gutachtentechnik fällt, desto mehr können Sie sich auf die sprachliche Brillanz konzentrieren und einen komplizierteren Satzbau wählen. Variieren Sie Ihren Satzbau, besonders die Satzanfänge, um Monotonie zu vermeiden.

Es gibt verschiedene Formen von Nebensätzen:

Konjunktionalsätze

Häufig werden Nebensätze mit Konjunktionen (Bindewörtern) eingeleitet. Mit Bindewörtern wird der Nebensatz in den Hauptsatz eingefügt.

Beispiel:
da, weil, obwohl, damit, dass, wenn, falls, ob, indem, so dass, als, ehe, nachdem, bis, seitdem, während, sobald, bevor, solange

Relativsätze (oder Pronominalsätze)

Ein Relativpronom ist ein bezügliches Fürwort.

Beispiel:
Der Täter, **der sechs Menschen umgebracht hat**, wird heute verurteilt.
Die Abrissverfügung, **die mit der einfachen Post verschickt wurde**, ist bis heute noch nicht angekommen.

Indirekte Fragesätze

Nebensätze können als indirekte Fragesätze formuliert werden. Diese werden mit einer Konjunktion, einem Pronomen (Geschlechtswort / Fürwort) oder einem Adverb (Umstandswort) eingeleitet.

Beispiel:
Problematisch ist, **ob die Voraussetzungen des § 985 BGB vorliegen**.
Unklar ist, **wer die Abrissverfügung erlassen hat**.
Fraglich ist, **wann die Gerichtspost zugestellt wird**.

Aufgabe von Nebensätzen

- Konsekutivsatz (Folge): Die Voraussetzungen des § 985 BGB sind erfüllt, **so dass** der A einen Anspruch gegen B auf Herausgabe des Bildes hat.
- Kausalsatz (Grund): Der A hat gegen B einen Anspruch auf Herausgabe des Bildes, **weil** die Voraussetzungen des § 985 BGB erfüllt sind.
- Konditionalsatz (Bedingung): Das Gericht bearbeitet die Klage des K erst dann, **wenn** der Gerichtskostenvorschuss eingezahlt wird.
- Temporalsatz (Zeit): Das Gericht hat bereits geschlossen, **während** ich noch an dem Schriftsatz arbeite.
- Modalsatz (Art und Weise): Der Täter brach in die Wohnung ein, **indem** er die Haustür eintrat.
- Finalsatz (Zweck): Der Richter prüft den Fall, **damit** er zu einer folgerichtigen Entscheidung gelangt.
- Konzessivsatz (Einräumung / Gegengrund): **Obwohl** der Verteidiger von der Unschuld seines Mandanten überzeugt war, fehlten ihm die Beweise.

Nominalstil

Gerade das „Beamtendeutsch“ kennt und liebt den Nominalstil. Juristen können auf den Nominalstil nicht gänzlich verzichten, sollten ihn jedoch sparsam einsetzen, um Akzente zu setzen. Beim Nominalstil werden aus Verben oder Adjektiven Hauptwörter gemacht. Wenn von diesen Hauptwörtern zu viele benutzt werden, wirkt der Stil hölzern und man ist in der Regel nicht schnell und flüssig verständlich. Hierzu finden Sie im Buch von Helga Esselborn-Krumbiegel „Richtig wissenschaftlich schreiben. Wissenschaftssprache in Regeln und Übungen“ im Kapitel 4.6 weiter Ausführungen.

Beispiel:
Schlecht: .... die Ausübung seines Rechts .....
Besser: .. übt sein Recht aus ...

Schlecht: ... die Verrichtung der Tätigkeit ....
Besser: ... er verrichtet .....

Schlecht: .... Änderung des Inhalts ....
Besser: ... er änderte den Inhalt .....

Aktiv und Passiv richtig einsetzen

Aktiv und Passiv sind Verbformen. Mit Hilfe dieser Konstruktionen kann man den Blick auf unterschiedliche Schwerpunkte lenken. Beim Aktiv ist der Blick auf den Handelnden gerichtet. Beim Passiv steht das Geschehen im Vordergrund. Dadurch wird in Passivsätzen derjenige, der etwas macht, häufig nicht genannt. Beachten Sie bitte diesen Unterschied. Denn zu häufig und nicht bewusst eingesetzte Passivkonstruktionen lesen sich sehr umständlich und erschweren dem Prüfer die Nachvollziehbarkeit Ihres Gedankens. Weitere Hinweise und Übungen finden Sie im Kapitel 4.8 des Buches von Helga Esselborn-Krumbiegel „Richtig wissenschaftlich schreiben. Wissenschaftssprache in Regeln und Übungen“.

Beispiele Aktiv:
- Der Täter **schleicht** sich von hinten an sein Opfer.
- Die Behörde **erlässt** eine Abrissverfügung.
- Der A **hat** gegen B einen Anspruch auf Herausgabe seines Schönfelders.

Beispiele Passiv:
- Das Opfer **wird** von dem Täter **genötigt**.
- Die Abrissverfügung **wurde** von der Behörde **erlassen**.
- Der Anspruch des A gegen B auf Herausgabe seines Schönfelders **wurde** von ihm gerichtlich geltend **gemacht**.

Positive Begriffe, keine Verneinung

Es gibt auch andere Formulierungen, die den Text- und damit den Lesefluss stören. Häufig werden Verneinungen verwendet, die viel leichter zu verstehen wären, hätte der Verfasser einen positiven Begriff verwendet.

Beispiel:
- nicht gut ➜ schlecht
- nicht günstig ➜ ungünstig
- nicht zutreffend ➜ unzutreffend

Wie Sie aus oben Gesagtem entnehmen können, ist die sprachliche Darstellung bzw. Umsetzung Ihrer Lösung und damit auch Ihres Ergebnisses anspruchsvoll. Ich möchte Ihnen daher den Rat geben, in Ihrem Studium so viele Klausuren und andere Texte (juristische und nicht-juristische Texte) wie möglich zu schreiben. Allein durch das – wenn möglich – tägliche Schreiben können Sie die oben genannten Regeln verinnerlichen und Ihren eigenen Stil und Weg finden.

6. Klausurentechnik

Auf Ihrem Weg zum 1. und 2. Staatsexamen sind Klausuren die am häufigsten vorkommenden Prüfungsarbeiten und daher auch die wichtigsten Prüfungsleistungen, die Sie erbringen müssen. In Klausuren wird Ihnen ein Sachverhalt präsentiert, d.h. Sie bekommen einen ganz konkreten Fall mitgeteilt, den Sie begutachten und lösen müssen. Die Lösung orientiert sich hierbei an der Fragestellung Ihres Prüfers.

Der Grund liegt darin, dass die Rechtswissenschaft eine **praktische Wissenschaft** ist. Der Wissensstoff wird praxisorientiert und nicht die rein theoretischen Erkenntnisse um ihrer selbst willen vermittelt. Das Studium einer praktischen Wissenschaft soll dazu befähigen, konkrete Probleme lösen zu können. Das rein theoretische Wissen spielt hierbei eine untergeordnete Rolle. Die Rechtswissenschaft soll den Studenten dazu anleiten, in rechtlichen Entscheidungssituationen die gesuchte Entscheidung zu finden und für andere überzeugend zu begründen. Das heißt, dass der Bearbeiter einer Klausur ermitteln soll, wie jemand sich rechtlich verhalten soll oder darf, d.h. ob er etwas verlangen kann oder nicht etc.. Alle Rechtsausführungen innerhalb einer Klausur sind daher nur insoweit von Interesse und bringen auch nur dann Punkte, als sie zur gesuchten Antwort etwas beitragen. Überflüssige Wissenswiedergabe in einer konkreten Fallbearbeitung ist daher unnötig und falsch.

Aufgrund des Bestrebens, das Studium der Rechtswissenschaften praxisorientiert auszurichten, gibt es verschiedene Arten von Klausuren, die sich an bestimmten Berufsbildern orientieren. Es gibt sogenannte **„Richterklausuren“** und **„Anwaltsklausuren“**. Der Sinn liegt darin, dass Klausuren die Bearbeitung konkreter Fälle in der Praxis nachstellen sollen. Deswegen soll durch die Bearbeitung einer Klausur eine Streitentscheidung vorbereitet werden. Die **Streitvorbereitung** eines Richters sieht hierbei anders aus als die eines Anwalts.

Anwaltsklausuren

Bevor ein juristischer Laie vor Gericht klagen kann, benötigt er in der Regel eine Rechtsberatung bei einem **Anwalt**. Ansonsten weiß er nicht, welchen Antrag er vor Gericht verfolgen kann und soll. Bei der nötigen Rechtsberatung geht es also noch nicht um einen bestimmten Antrag. Bei der Streitvorbereitung lautet die Frage weniger konkret, ob und wenn ja, welche Ansprüche aus einem bestimmten Sachverhalt abgeleitet werden können. Daher ist der Sachverhalt zunächst in jede mögliche Richtung zu erörtern. Dabei kann sich auch ergeben, dass Ansprüche erst durch die Ausübung eines Gestaltungsrechts begründet werden müssen, z.B. muss erst eine Anfechtung ausgesprochen werden, bevor der Kaufpreis zurückgefordert werden darf. Umgekehrt kann ein solches Gestaltungsrecht auch der Abwehr von Ansprüchen dienen, z.B. die Erklärung einer Anfechtung zur Abwehr eines eingeklagten Kaufpreisanspruches. Alle diese Erörterungen liegen vor der richterlichen Tätigkeit. Die Fragestellung lautet häufig: „Was kann A von B verlangen?“ oder „Was ist A zu raten?“. Die Besonderheit liegt bei diesen Klausuren darin, die nicht vorgegebenen Ansprüche erst zu finden. Wenn mehrere Anspruchsgegner in Betracht kommen, muss auch eine Abwägung stattfinden, wer derjenige ist, der z.B. am erfolgreichsten verklagt werden kann. Dazu ist neben dem gutachterlichen Vorgehen auch Kreativität gefragt.

Richterklausuren

Der **Richter** hat einen Streit zwischen zwei Parteien zu entscheiden. Hierbei sind die gestellten Anträge, d.h. der geäußerte Wille der Partei, maßgeblich. Der Richter darf im Zivilrecht nicht über diese Anträge hinaus den Sachverhalt beurteilen. Anders ist es im Strafrecht und im Öffentlichen Recht, denn dort gilt der Amtsermittlungsgrundsatz. Im Zivilrecht gilt hingegen der Beibringungsgrundsatz. Das bedeutet, nur der von den Parteien vorgetragene Sachverhalt sowie die gestellten Anträge sind für den Richter maßgeblich. Er kann nicht über diesen Antrag hinaus z.B. Schadensersatz zusprechen, wenn der Antrag nur auf Rückzahlung des Kaufpreises gerichtet ist. In der universitären Ausbildung entspricht dies Fallfragen, die so beschränkt sind, dass aus ihnen ein Klageantrag gebildet werden könnte. Es wird etwa nach der Schilderung des Streits über das Zustandekommen eines Kaufvertrags gefragt, ob A von B 100 € als Kaufpreis verlangen kann. Oder es wird geschildert, dass A und B über die

Zahlungsverpflichtung streiten, und dann gefragt: „Wer hat recht?" Diese Fallfragen indizieren, dass es sich um eine Streitentscheidung eines Richters handelt. Beachten Sie hierbei, dass es sich um die **Vorbereitung eines Urteils** handelt, sodass der Gutachtenstil und nicht der Urteilsstil verwendet werden muss.

Beachten Sie bitte immer die **Fragestellung**! Je nach Fragestellung müssen Sie nur einen kleinen Teil, z.B. nur einen Anspruch bzw. die Ansprüche einer Partei gegen eine andere prüfen. Oder Sie müssen den Sachverhalt insgesamt prüfen und überprüfen, wer welche Ansprüche gegen wen hat.

6.1 Was muss ich können?

Was Sie beherrschen müssen, richtet sich nach dem Sinn und Zweck von Klausuren, d.h. nach der Prüfungsleistung, die Sie erbringen müssen.

Sinn und Zweck von juristischen Klausuren ist es, dass Sie als Verfasser dem Prüfer aufzeigen, dass Sie

- einen komplexen Sachverhalt in kurzer Zeit richtig und vollständig erfassen können.
- den Sachverhalt anhand des Gesetzes richtig überprüfen können.
- die juristische Gedankenführung beherrschen (Gutachtenstil, Feststellungsstil, Gemischter Stil), d.h. den Sachverhalt einer juristisch nachvollziehbaren und verständlichen Lösung zuführen können.
- fähig sind zu argumentieren und so die von Ihnen vertretene Meinung wissenschaftlich untermauern können.

Seien Sie konsequent und arbeiten Sie auf den verschiedenen Ebenen mit gleicher Sorgfalt! Gerade die Wichtigkeit der korrekten Sachverhaltserfassung wird gerne unterschätzt!

Übung

Bitte lesen Sie folgenden Sachverhalt ein bis zweimal. Legen Sie den Sachverhalt danach weg und versuchen Sie, diesen nieder zu schreiben, so dass sämtliche rechtlich relevanten Fakten wiedergegeben werden. Nachdem Sie den Sachverhalt aufgeschrieben haben, vergleichen Sie ihn mit dem Original und halten fest, wie viele rechtliche Informationen Ihnen fehlen.

Sachverhalt

Am 1.03.2011 buchte A bei dem Reisebüro von R für sich und B für die Zeit vom 14.06.2011 bis 28.06.2011 eine kombinierte Flug- und Schiffsreise mit zwei Hotelaufenthalten auf Sizilien und Rhodos. Die Auswahl beruhte auf einer Empfehlung der Mitarbeiterin M des Reisebüros, welche die einzelnen Elemente der Reise unter Berücksichtigung von Vorgaben des A zusammenstellte und buchte. A unterzeichnete für die Flüge, die Schiffsreise und die Hotelaufenthalte gesonderte Reiseanmeldungen, in denen jeweils das die Reiseleistung erbringende Unternehmen und der Einzelpreis genannt wurden. Für die Schiffsreise und die Hotelaufenthalte erhielt A gesonderte Sicherungsscheine. Zur Bezahlung überließ A der M die Daten seiner Kreditkarte. Die Kosten für die Hotelaufenthalte wurden unter der Gläubigerbezeichnung „Vergnügliche Reisen ins Mittelmeer" von einer Zweigniederlassung der X-Touristik GmbH abgebucht. Die Kosten für die Schiffsreise wurden unter der Bezeichnung „Schifffahrt" abgebucht. Die X-Touristik GmbH arbeitet ständig mit dem Reisebüro des R zusammen. Die Kosten für den Flug überwies A unmittelbar an das Reisebüro. Am 14.06.2011 veräußerte R sein Reisebüro an Z, der nunmehr der Rechtsnachfolger des R ist. Auf dem Hinflug wurde der Koffer der B, der die gesamte Kleidung und Reiseutensilien der B enthielt, nicht mitbefördert. A erhielt diesen Koffer erst nach Abschluss der Schiffsreise am 28.06.2011. Das Hotel auf Rhodos entsprach nicht der Reisebeschreibung, die A vom Reisebüro von R erhalten hatte. Entgegen der Reisebeschreibung war das Hotel nicht so gut ausgestattet und hatte entgegen der Vereinbarung keine Vollpension, sondern ausschließlich Halbpension. Das Hotel auf Sizilien entsprach zwar den Angaben des Reisebüros von R, es wurden jedoch während des gesamten Aufenthaltes des A und der B aufwändige und laute Sanierungsarbeiten durchgeführt. A ist der Ansicht, aufgrund dessen sei der Reisepreis um 50% zu mindern. Er verlangt die Rückzahlung des zuviel gezahlten Reisepreises, zudem Schadensersatz für entstandene Mehrkosten und Entschädigung wegen nutzlos aufgewendeter Urlaubszeit.

6.2 Welche Voraussetzungen benötige ich hierfür?

Einen **komplexen juristischen Sachverhalt** zu erfassen erfordert Übung. Vor allem ist ein komplexer Sachverhalt nicht mit ein- oder zweimaligem Lesen vollständig zu erfassen. Es gibt **mehrere Techniken**, ihn in seine Einzelheiten zu zerlegen und dadurch vollständig zu erfassen. Wie Sie einen komplexen Sachverhalt in kurzer Zeit richtig und vollständig erfassen können, sehen Sie weiter unten bei 6.4.1 Arbeitsschritte.

Wie Sie einen Sachverhalt anhand des Gesetzes richtig überprüfen können, beschreibt **die Juristische Methodenlehre**. Unter Methode ist ein planmäßiges, folgerichtiges Verfahren, Vorgehen oder Handeln zu verstehen. Unter Methodenlehre versteht man die Interpretation eines Gesetzes. Dazu ist es erforderlich, dass Sie sich in der Hierarchie der Gesetzesnormen auskennen, z.B. sind Gesetze vorrangig vor Verordnungen, diese wiederum sind vorrangig vor Satzungen etc.. Die Methodenlehre lehrt das Vorgehen bei der Gesetzesauslegung, z.B. der Bildung von Analogien etc.. Wie, wann und warum können und dürfen Analogien gebildet werden? Ferner ist es wichtig zu wissen, was ein **Analogie** ist und wann sie vorliegt. Eine Analogie ist die Übertragung der Rechtsfolge eines gesetzlich geregelten Sachverhaltes auf einen Sachverhalt, der nicht geregelt ist. Die Bildung einer Analogie kommt in Betracht, wenn eine planwidrige Gesetzeslücke vorliegt. Die Interessenlagen bei dem geregelten und dem nicht geregelten Sachverhalt müssen miteinander vergleichbar sein. Das Gesetz kennt auch mehrere **unbestimmte Rechtsbegriffe**, wie z.B. „Treu und Glauben" § 242 BGB, die erst ausgelegt werden müssen.

Die von Ihnen vertretene Meinung müssen Sie wissenschaftlich untermauern können, d.h. Sie müssen **juristisch argumentieren** können. Die juristischen Argumente müssen Sie an der Universität noch nicht selbst „erfinden" können, sie ergeben sich aus den in der Rechtsprechung und Literatur vertretenen Ansichten. Sie müssen auswendig lernen, in welchen Fällen z.B. der „Gummiparagraph" § 242 BGB gilt und wann nicht. Hierbei ist es nicht nur wichtig, wie die Rechtsprechung oder Literatur im Einzelnen entschieden hat, sondern auch mit welchen Argumenten! Denn in einer Klausur ist die Lösung, d.h. das Ergebnis des Falles nicht so wichtig und tritt hinter der Fähigkeit zu argumentieren zurück. Es hilft Ihnen also nicht, wenn Sie die Lösung kennen, aber nicht die hinter den verschiedenen Ansichten stehenden Argumente.

6.2.1 Persönliche Fähigkeiten

Damit Sie eine Klausur optimal erarbeiten können, brauchen Sie zwangsläufig auch persönliche Fähigkeiten. Die persönlichen Fähigkeiten betreffen Ihre geistige, innere Haltung, die Sie der Prüfungsaufgabe und damit auch Ihrer Herausforderung gegenüber, einnehmen. Sie benötigen für die Bearbeitung einer Klausur eine **konsequente, rationelle und konzentrierte Arbeitsweise**.

→ Mut zum eigenen Denken!

„Habe den Mut, Dich Deines eigenen Verstandes zu bedienen“ (Zitat: Immanuel Kant). Es geht um Ihre Meinung und um Ihre ganz persönliche Einschätzung des Falles. Machen Sie sich das bitte immer wieder bewusst. Später in Ihrem Berufsleben werden Sie gerade auf diese Fähigkeit besonders angewiesen sein. Vertrauen Sie auf Ihren Verstand und versuchen Sie nicht, den Klausurfall anhand gelernter Fälle oder juristischer Probleme lösen zu wollen, getreu nach dem Motto: „Dann habe ich ja schon mal etwas stehen.“

→ Der Wille zu bestehen!

Sie müssen den absoluten Willen haben, die Klausur zu schaffen. Darüber hinaus müssen Sie das Bewusstsein haben, diese auch meistern zu können. Dies ist eine wichtige geistige Haltung, die Sie der Prüfungsaufgabe gegenüber einnehmen. Wer positiv denkt, dessen Gehirn arbeitet effektiver und kreativer. Negatives Denken hemmt die Arbeitsweise und fördert unkonzentriertes Vorgehen. Denken Sie daran, dass es die sich selbst erfüllende Prophezeiung gibt.

→ Durchhaltevermögen

Gerade wenn es in einer Klausur nicht optimal läuft, benötigen Sie Durchhaltevermögen! Es kommt nicht selten vor, dass man in einer Klausur die Orientierung verliert. Wenn dieser Fall eintritt, benötigt man Entspannungstechniken, die zu einem klarem Verstand führen, so dass man in der Lage ist, die Lösung des Falles noch einmal neu zu überdenken. Häufig lassen sich dann die Gedanken sortieren und die Lösung finden.

→ Konzentrationsfähigkeit

Um lernen und wissenschaftlich arbeiten zu können, muss man sich auf eine Sache konzentrieren. Wissenschaftliches Arbeiten verlangt die Fähigkeit, sich intensiv mit einer Sache, z.B. einem rechtlichen Problem, auseinandersetzen zu wollen und zu können. Währenddessen sollen die Gedanken gerade nicht abschweifen und ihre eigenen Wege gehen. Die Zeitspanne, in der Sie sich konzentrieren können, ist erweiterbar. Je häufiger Sie sich in Konzentration üben, desto länger können Sie am Stück konzentriert arbeiten. Beachten Sie hierbei, dass Pausen notwendig sind, um über einen längeren Zeitraum hinweg gute Leistungen zu erzielen.

6.2.2 Objektive / Praktische Fähigkeiten (Schlüsselqualifikationen)

→ Zeitmanagement:

Machen Sie sich vor jeder Klausur einen **Zeitplan**. Dieser fällt bei der Bearbeitung der verschiedenen Sachgebiete unterschiedlich aus.

Bei einer Strafrechtsklausur ist es zumeist notwendig, viele Paragraphen zu prüfen, so dass Sie ein hohes Schreibpensum zu erfüllen haben. Das bedeutet, dass Sie in Strafrechtsklausuren die ersten Arbeitsschritte sehr schnell erledigen müssen, damit Sie anschließend noch genügend Zeit haben, den Text zu verfassen.

Bei einer zivilrechtlichen Klausur sind die ersten Schritte meist arbeitsintensiver. Der Arbeitsschritt, die rechtliche Tragweite des Sachverhaltes zu erfassen, ist häufig sehr zeitaufwändig, so dass Sie allein aufgrund der komplexen Gestaltung des BGB mehr Zeit für die rechtliche Bearbeitung benötigen. Eine Klausur im Öffentlichen Recht beinhaltet meistens einen weniger komplexen Sachverhalt als im Zivilrecht. Dieser erfordert anders als im Strafrecht die Prüfung von weniger Normen. Dafür steht im Öffentlichen Recht meistens eine sorgfältige rechtliche Abwägung an einer Stelle der Klausur im Vordergrund.

Ein Zeitplan ist deshalb notwendig, damit Sie für die einzelnen Arbeitsschritte genügend, aber nicht zu viel Zeit planen. Wer plant, der hat einen klaren Arbeitsauftrag. Das verhindert, dass Sie einzelnen Arbeitsschritten zu viel oder zu wenig Zeit widmen oder dass Sie ohne klares Ziel arbeiten. Je klarer Sie Ihren Arbeitsauftrag einer gewissen Zeitspanne zuordnen, desto konzentrierter können Sie einen einzelnen Arbeitsschritt erledigen. Formulieren Sie also so konkret wie möglich, was Sie am Ende einer bestimmten Zeitspanne (z.B. 2, 3 oder 5 Stunden) geschafft haben möchten.

Damit Sie eine Vorstellung davon haben, was ich meine, gebe ich Ihnen ein Beispiel für eine fünfstündige Examensklausur:

Zeitplan fünfstündige Klausur Zivilrecht:

1. Stunde: Erfassen des Sachverhaltes und der Fallfrage
2. Stunde: Erfassen der rechtlichen Tragweite und Beginn mit der Lösungsskizze
3. Stunde: Lösungsskizze
4. Stunde: Beginn mit dem eigentlichen Text
5. Stunde: Text verfassen und Kontrolle anhand Checklisten

Bei einer Strafrechtsklausur müssen Sie z.B. mit dem Schreiben etwas früher beginnen. Machen Sie sich aber bitte bewusst, dass dies lediglich eine Empfehlung ist. Sie müssen Ihren Zeitplan immer nach dem konkreten Fall ausrichten. Dies soll nur eine Grobplanung darstellen. Je mehr Übung Sie im Bearbeiten von Klausuren entwickeln, desto leichter wird es Ihnen fallen, einen Zeitplan zu erstellen.

→ IMMER am KONKRETEN FALL arbeiten!

Von Lehrenden und Prüfern wird dieser Punkt immer wieder betont. Nichtsdestoweniger kommt es im Prüfungsalltag häufig vor, dass etwa aufgrund von Blockaden oder Hektik die Prüflinge an einen anderen Fall denken, von dem sie schon einmal gehört haben. Viele versuchen, sich verzweifelt an die Lösung des anderen Falles zu erinnern, statt mit der Fallbearbeitung fortzufahren und auf ihren Verstand zu vertrauen. Daraus resultiert, dass ein anderer Fall gelöst wird. Daher denken Sie bitte immer daran, Ihre Prüfungsaufgabe ist der konkrete Fall, der Ihnen vorgelegt wird.

→ Klare Formulierungen

Wenn Sie wissen, welche *Gedankenführung* Sie anstreben, können Sie sich für eine Technik entscheiden. Entweder Sie nutzen den Gutachtenstil, um ein Problem verständlich zu analysieren oder Sie nutzen den Feststellungsstil, um ein Tatbestandsmerkmal zu bejahen oder zu verneinen. Als dritte Möglichkeit bietet sich der gemischte Stil an, damit Sie alle wichtigen Informationen in der notwendigen Kürze dargestellt haben, ohne die hintergründigen rechtlichen Probleme ausgiebig erörtern zu müssen. Haben Sie sich entschieden, können Sie sich in Ruhe an die *Formulierung* begeben. Je besser und verständlicher Ihre Formulierungen sind, desto leichter kann der Korrektor Ihren Gedanken folgen. Erst wenn Ihr Korrektor Sie versteht, kann er Ihre Leistung auch gut bewerten.

Durch klare Formulierungen werden die Schwerpunkte Ihrer Klausur erkennbar. Ihr Prüfer kann allein durch Ihre Wahl der Gedankenführung und Ihre Formulierungen erkennen, an welchen Stellen Sie die rechtlichen Probleme sehen. Dies erfordert Mut zur Schwerpunktsetzung. Häufig ängstigt genau dies Studenten, dass sie sich zwischen „schwarz“ und „weiß“ entscheiden müssen. Ein sicheres Vielleicht gibt es bei der juristischen Fallprüfung eben nicht. Aber seien Sie unbesorgt. Es ist wichtig die richtige Schwerpunktsetzung zu üben. Das geschieht dadurch, dass Sie Schwerpunkte setzen, auch wenn diese zunächst falsch sind. Mit mehr

Übung gewinnen Sie mehr Erfahrung und erkennen die Schwerpunkte leichter. Nur so können Sie lernen.

6.3 Wie erwerbe ich die Voraussetzungen?

Schreiben ist ein komplexer Vorgang. Sie können nicht erwarten, dass Sie einen Fall sehen und dann unmittelbar wissen, wie Sie ihn lösen und die Lösung zu Papier bringen wollen. Es gilt, verschiedene Ebenen nacheinander zu bearbeiten, damit dem Prüfer ein in sich schlüssiges, gut durchdachtes und wohl formuliertes Gutachten vorgelegt werden kann. Je klarer und strukturierter Ihr Vorgehen ist, desto weniger Fehler machen Sie.

Die **Klausurentechnik** erlernt sich im Studium nicht von alleine. Es ist vergleichbar mit dem Autofahren. Als Sie sich das erste Mal ans Steuer gewagt haben, war alles noch neu und ungewohnt. Erst mit wiederholter Fahrpraxis wurden Sie sicherer, schneller und besser. Es gilt daher so viele Klausuren zu schreiben wie möglich, getreu dem Motto „**Übung** macht den Meister". Dadurch bieten sich zahlreiche Gelegenheiten, Fehler zu machen und aus diesen zu lernen. „Ever tried. Ever failed. No matter. TRY AGAIN. Fail again. Fail better." (Samuel Beckett)

Je routinierter Sie im **Umgang mit dem Arbeitsprozess** werden, umso schneller geht Ihnen die Arbeit von der Hand. Je schneller Sie werden, desto mehr Zeit haben Sie für die eigentlichen Probleme einer Klausur, d.h. das Durchdenken und Erfassen der rechtlichen Problematik und das Begreifen der Dimension für Ihren zu lösenden Fall. Das wiederum versetzt Sie in die Lage, eine geeignete und sinnvolle Schwerpunktsetzung vorzunehmen. Haben Sie den Schwerpunkt, bzw. die Schwerpunkte der Klausur erkannt, können Sie sich überlegen, wie Sie Ihren Gedanken führen wollen. Soll es die umfassende Gutachtentechnik (Gutachtenstil) sein oder soll es die kurze Feststellungstechnik (Feststellungsstil) sein oder ein Gemisch aus beidem.

Hinsichtlich des Stoffes, den Sie beherrschen müssen, um eine Klausur lösen zu können, gibt es auch nur eine Möglichkeit: Sie müssen den Stoff lernen und üben, bis Sie ihn sich angeeignet haben. Die sichere Kenntnis der Definitionen ist notwendig, da in der Examensklausur nicht genügend Zeit zur Verfügung steht, um diese im Kommentar nachzulesen. Hinsichtlich des Themenkomplexes „Lernen" möchte ich Ihnen das Buch von Helga Esselborn-Krumbiegel „Leichter lernen. Strategien für Prüfung und Examen", 2. Auflage vom Schöningh UTB Verlag empfehlen.

6.4 Arbeitsschritte

Im Folgenden stelle ich Ihnen eine bewährte Klausurentechnik vor. Sie können sie abwandeln, wovon ich allerdings Anfängern abrate. Sie sollten diese zunächst so trainieren, wie ich Sie Ihnen vorstelle. Wenn Sie die Technik sicher beherrschen, können Sie sich eigene Gedanken dazu machen, wie Sie die Technik verfeinern, verbessern und auf Ihre Bedürfnisse anpassen.

Die Klausurtechnik besteht aus folgenden Arbeitsschritten:

1. Sachverhalt erfassen (Trennung von Tatsachenebene und Rechtsebene)
2. Fallfrage analysieren (Frage: Worum geht es? Was ist das Begehren?)
3. Auffinden des / der zu prüfenden Paragraphen
4. Lösungsskizze entwerfen (Lösungsskizze auf ihre logische Korrektheit und Schlüssigkeit hin überprüfen)
5. Klausurentext verfassen (anhand der Lösungsskizze Schwerpunkte setzen und danach den Gutachtenstil, Feststellungsstil oder Gemischten Feststellungsstil wählen)
6. Korrekturlesen

Diese Arbeitsschritte sind immer anzuwenden. Je nach Fall sind sie zeitintensiver oder nicht. Ungeachtet dessen müssen Sie diese Arbeitsschritte immer einhalten. Ich werde Ihnen die einzelnen Arbeitsschritte am Fall „Das Biedermeierzimmer“ darstellen.

Beispiel:

„Das Biedermeierzimmer“

N ist der Lieblingsneffe des kinderlosen E. Daher hat dieser bereits im Jahre 2000 testamentarisch verfügt, dass N sein Alleinerbe werden soll. Anfang 2011 ist E bei einem Autounfall ums Leben gekommen. E war Liebhaber von Antiquitäten und hat daher all sein Geld in wertvolle Antiquitäten investiert. Unter anderem hatte er einen ganzen Raum nur mit echten Biedermeier-Möbeln ausgestattet. Alle aus der Familie nannten dieses Zimmer, in dem gewöhnlich die Familie zum Tee eingeladen wurde, nur das „Biedermeierzimmer“. N fand dieses Biedermeierzimmer jedoch für seine Wohnung unpassend und hat es K gegeben. K ist im Handelsregister als Kunst- und Antiquitätenhändler eingetragen und nimmt das

„Biedermeierzimmer" in Kommission. K bietet es, wie er es in solchen Fällen zu tun pflegt, offen als Kommissionsware an. Erfahrungsgemäß fördert dies die Kaufbereitschaft der Interessenten, die meinen, dabei ein besonderes „Schnäppchen" machen zu können. Tatsächlich gelingt es K auch schon bald, das „Biedermeierzimmer" an F zu veräußern. Als N davon erfährt, bereut er die Sache im nachhinein, weil das „Biedermeierzimmer" viele gute Erinnerungen für ihn enthielt. Außerdem setzt ihn die Familie unter Druck, die auch weiterhin an der Gepflogenheit festhalten will, in dem „Biedermeierzimmer" Tee zu trinken und sich gemeinsam an den E erinnern zu können. N verlangt kurzerhand das „Biedermeierzimmer" von F wieder heraus. Mit Recht?

6.4.1 Arbeitsschritt 1: Sachverhalt erfassen

Der Sachverhalt liefert Ihnen den Inhalt und den Umfang Ihrer Prüfungsaufgabe. Mit dem Sachverhalt teilt Ihnen Ihr Prüfer die juristisch wichtigen Tatsachen und Informationen mit, die Sie für Ihre Bearbeitung, d.h. Prüfungsleistung benötigen. Für Sie bedeutet dies, dass sie besondere Sorgfalt walten lassen müssen, wenn Sie die Informationen des Sachverhaltes erfassen.

Sehr oft wird dieser Arbeitsschritt für banal gehalten, so dass die Tragweite dieser Aufgabe nicht erkannt wird. Die Folge ist, dass man meint, man habe den Sachverhalt nach ein bis zweimaligem Lesen völlig verstanden, um sich dann direkt dem Schreibprozess zuwenden zu können. Oft geschieht dies aus der Hektik heraus und dem Gedanken *„Ich muss schnell etwas zu Papier bringen, damit ich schon etwas stehen habe"*. Bitte beachten Sie, dass es sich bei den Sachverhalten um komplexe Lebensvorgänge handelt. Gerade die Sachverhalte der Examensklausuren sind häufig zweiseitig oder sogar mehrseitig. Sie können nicht erwarten, dass Sie den Sachverhalt in kurzer Zeit vollständig erfassen können. Vor allem ist es auch nicht nötig, sich in diesem Arbeitsschritt unter zeitlichen Druck zu setzen. Je gründlicher Sie bei diesem Schritt arbeiten, desto besser haben Sie die Informationen gedanklich gespeichert und durchdrungen. Sie haben Zeit, um alle wichtigen Argumente zu entdecken und zu verwerten, da Sie sich mit der Konsequenz und der Tragweite der Sachverhaltsangaben befasst haben. Sie werden Lösungsmöglichkeiten sehen, die Sie nicht gesehen hätten, wenn Sie aufgrund einer falschen Vorstellung und Zeiteinteilung nicht alle Sachverhaltsangaben verinnerlicht hätten.

Bereits im 1. Kapitel „Der juristische Arbeitsprozess" haben wir festgestellt, wie wichtig es ist zwischen Tatsachenebene und Rechtsebene zu unterscheiden. An diesem Beispiel sehen Sie, was zu der tatsächlichen Ebene und was zu der rechtlichen Ebene gehört.

Beispiel:
„Das Biedermeierzimmer"

Sachverhaltsebene	Rechtsebene
N = Neffe des E	Testamentarische Verfügung des E
E = kinderlos	N = Alleinerbe des E
E ist gestorben, er besaß zu Lebzeiten ein Biedermeierzimmer.	
N hat das Biedermeierzimmer K gegeben.	
K ist im Handelsregister als Kunst- und Antiquitätenhändler eingetragen.	K nimmt das Biedermeierzimmer in Kommission.
K bietet das Biedermeierzimmer offen als Kommissionsware an, da es die Kaufbereitschaft der Kunden fördert.	K veräußert das Biedermeierzimmer an F.
N bereut die Abgabe des Biedermeierzimmers.	
N will das Biedermeierzimmer von F zurückhaben.	

Es gibt mehrere Techniken, die helfen, den Sachverhalt in all seinen Feinheiten zu zerlegen.

Techniken zur Erfassung des Sachverhaltes:

- Sachverhalt mehrfach gründlich lesen, mindestens drei Mal.
- Beim Lesen einen Schmierzettel verwenden, auf dem alle auftauchenden Gedanken kreuz und quer notiert werden (Brainstorming).
- Erst beim 2. und 3. Lesen wird der Sachverhalt unterstrichen (z.B. Personen ...).
- Dabei verschiedene Farben verwenden, denen vorher jeweils eine bestimmte Funktion zugeordnet wird (z.B. rot = Problem, grün = Personen, blau = Rechtsansichten etc.).
- Danach einen Zeitstrahl anfertigen.
- Danach eine Skizze anfertigen.

Zum Verständnis, um was für einen konkreten Sachverhalt es sich in Ihrer Klausur handelt, müssen Sie den Sachverhalt **mehrfach lesen**. Bei Hausarbeiten sollte dies mindestens vier bis fünfmal sein und in einer Klausur mindestens dreimal.

Erstes Lesen des Sachverhaltes mit Schmierzettel

Wenn Sie den Sachverhalt zum ersten Mal lesen, halten Sie bitte ein leeres Blatt bereit. Dies ist Ihr persönlicher Schmierzettel, auf dem Sie Ihre auftauchenden Gedanken notieren können (**Brainstorming**). Bitte notieren Sie alle Gedanken, die Ihnen in den Sinn kommen, unsortiert und chaotisch. Lassen Sie dabei großzügig Platz. In diesem Arbeitsschritt darf der Sachverhalt auf keinen Fall bewertet oder gelöst werden! Hier ist kreatives Denken gefordert, d.h. dass Sie fast ausschließlich in der rechten Gehirnhälfte arbeiten. Das bedeutet, dass Sie nicht linear und chronologisch vorgehen, sondern assoziativ und chaotisch. Wenn man kreativ denkt, kann man nicht gleichzeitig analytisch denken. Versuchen Sie also erst gar nicht, irgendwelche Bewertungen vorzunehmen, sondern konzentrieren Sie sich darauf, die Gedanken, die Ihnen durch den Kopf schießen, zu sammeln. So stellen Sie sicher, dass Sie keinen Gedanken verlieren. Sie können Ihre Gedanken nachher überprüfen und entscheiden, ob Sie sie weiter verfolgen wollen, an welcher Stelle Ihres Gutachtens sie auftauchen sollen etc.. Das bedeutet, dass Sie erst im Nachhinein Ihre Gedanken auf ihre Richtigkeit und Wichtigkeit hin überprüfen und bewerten müssen. Sie haben in den weiteren Arbeitsschritten genügend Zeit, diese Gedanken zu überprüfen und weiter zu verfolgen. Aus diesem Grund schreiben Sie in dieser Arbeitsphase bitte nichts chronologisch oder untereinander auf, denn das blockiert Ihre rechte Gehirnhälfte. Bitte sehen Sie sich hierzu meine Ausführungen im 2. Kapitel „Der juristische Arbeitsprozess“ an. Es ist unvorteilhaft, wenn Sie während eines kreativen Prozesses Ihre Notizen chronologisch aufschreiben, denn durch die Reihenfolge zwingen Sie Ihr Gehirn, in der linken Hälfte zu arbeiten. Die optische Wahrnehmung einer Reihenfolge kann in Stresssituationen bereits ausreichen, damit der kreativ-assoziative Prozess im Gehirn nicht optimal funktioniert. Die optische Wahrnehmung ist hierbei entscheidend!

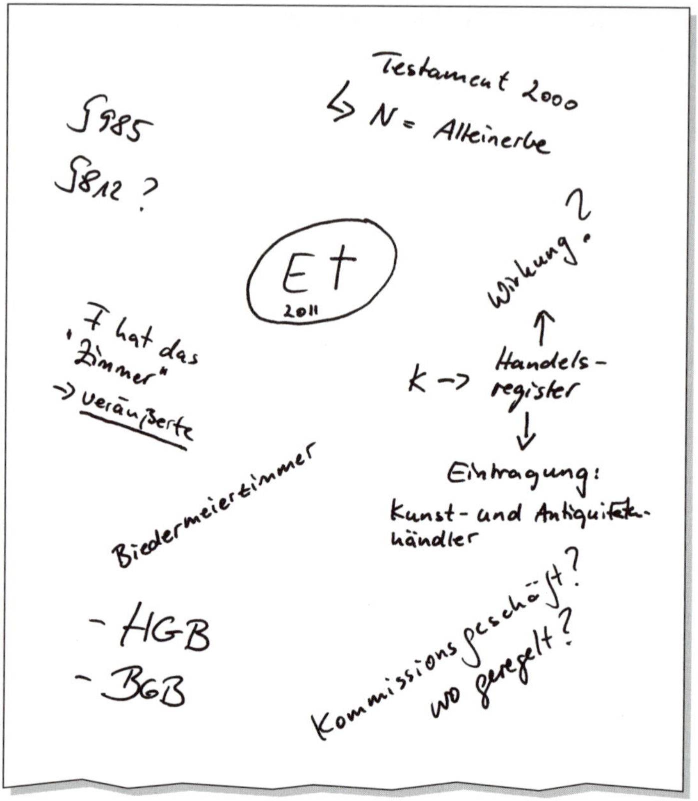

Abb.: Schmierzettel zum Beispiel „Das Biedermeierzimmer“

Zweites und drittes Lesen mit Unterstreichen

Erst wenn Sie den Sachverhalt zum zweiten und dritten Mal lesen, empfehle ich Ihnen, bestimmte Informationen zu unterstreichen. Wichtig ist hierbei, dass Sie nicht wahllos unterstreichen, denn das optische Bild ist wiederum entscheidend für die weitere Verarbeitung der Informationen im Gehirn. Sollten Sie unwichtige Informationen unterstreichen, hemmt das Ihr Gehirn, da es sich durch die optische Wahrnehmung bereits auf diese Informationen als wichtig eingestellt hat. Hierfür brauchen Sie eine bestimmte Struktur, die Ihnen hilft, schneller in der Aufnahme und Verarbeitung von Informationen zu werden. Denn wer eine klare Struktur hat und sich in dieser übt, der wird schneller. Wer schneller wird, hat mehr Zeit und Ruhe zu entscheiden.

Ich empfehle Ihnen **Farben** zu benutzen. Ordnen Sie den jeweiligen Farben bestimmte Informationen zu. Die Farbe blau können Sie z.B. ausschließlich für Personenangaben verwenden. Für Zeitangaben verwenden Sie ausschließlich grün, rot für rechtlich erhebliche Informationen, gelb für die Aufgabe. Probieren Sie aus, denn jeder hat ein anderes Farbempfinden. Erstellen Sie für sich persönlich eine Farblegende. Sie werden schnell feststellen, welche Farbe für Sie für welche Information geeignet ist. Sollten Sie bislang nur eine Farbe für das Unterstreichen verwendet haben, hat Ihr Gehirn zwar eine optische Hilfe zur Erkennung der wichtigen, hervorgehobenen Informationen. Allerdings hat es keine Hilfe, diese unterschiedlichen und verschiedenen Informationen einer Kategorie im Gehirn zuzuordnen. Die Farben helfen Ihrem Gehirn nicht nur, die wichtigen Informationen wahrzunehmen und dadurch verarbeiten zu können, sondern sie darüber hinaus noch zu kategorisieren. Das wiederum hilft, dem Sachverhalt eine innere Struktur zu geben. Dies ist wünschenswert, da dies der erste Schritt bei der Erfassung eines Sachverhaltes ist. Sorgen Sie dafür, dass Sie für bestimmte Informationen und Funktionen eine für Sie geeignete Farbe auswählen. Es bleibt auch Ihnen überlassen, wie viele Farben Sie verwenden möchten. Einige Studenten in meiner Beratung sind begeistert von Farben und verwenden sie gerne und viel; andere hingegen möchten nicht mehr als zwei oder drei Farben verwenden. Finden Sie Ihren eigenen Stil!

Es gibt jedoch auch Menschen, die nicht gerne mit Farben arbeiten, ja sogar durch die Farben in der Aufnahme der Fakten gestört werden. Sollten Sie dazu gehören, so benutzen Sie nur einen Bleistift oder ähnliches. Sie werden sehr wahrscheinlich intensiver mit dem Zeitstrahl arbeiten (Näheres weiter unten). Wichtig ist jedoch, dass Sie die Farblegende ausprobieren. Sie werden schnell feststellen, ob die Farben hilfreich sind oder stören.

Beispiel einer Farblegende:

blau = Personen
grün = Zeitangaben
rot = Probleme
gelb = Aufgabe

Wenn Sie die Farben immer nach Ihrer **Farblegende** verwenden, reagiert Ihr Gehirn und damit Ihre Wahrnehmung in Zukunft viel schneller auf die Informationen, denn es kann sie direkt einer Kategorie zuordnen. Das vereinfacht die Aufnahme und Verarbeitung von Informationen erheblich. Daher sollten Sie diese Farben auch beim Lernen für die gleichen Funktionen verwenden! Im folgenden Beispiel kann ich Ihnen bedingt durch den zweifarbigen Druck nur die Informationen, die wichtig sind, durch Unterstreichen aufzeigen.

Beispiel:
„Das Biedermeierzimmer"
N ist der Lieblingsneffe des kinderlosen E. Daher hat dieser bereits im Jahre 2000 testamentarisch verfügt, dass N sein Alleinerbe werden soll. Anfang 2011 ist E bei einem Autounfall ums Leben gekommen. E war Liebhaber von Antiquitäten und hat daher all sein Geld in wertvolle Antiquitäten investiert. Unter anderem hatte er einen ganzen Raum mit echten Biedermeier-Möbeln ausgestattet. Alle aus der Familie nannten dieses Zimmer, in dem gewöhnlich die Familie zum Tee eingeladen wurde, nur das „Biedermeierzimmer". N fand dieses Biedermeierzimmer jedoch für seine Wohnung unpassend und hat es K gegeben. K ist im Handelsregister als Kunst- und Antiquitätenhändler eingetragen und nimmt das „Biedermeierzimmer" in Kommission. K bietet es, wie er es in solchen Fällen zu tun pflegt, offen als Kommissionsware an. Erfahrungsgemäß fördert dies die Kaufbereitschaft der Interessenten, die meinen, dabei ein besonderes „Schnäppchen" machen zu können. Tatsächlich gelingt es K auch schon bald, das „Biedermeierzimmer" an F zu veräußern. Als N davon erfährt, bereut er die Sache im nachhinein, weil das „Biedermeierzimmer" viele gute Erinnerungen für ihn enthielt. Außerdem setzt ihn die Familie unter Druck, die auch weiterhin an der Gepflogenheit festhalten will, in dem „Biedermeierzimmer" Tee zu trinken und sich gemeinsam an den E erinnern zu können. N verlangt kurzerhand das „Biedermeierzimmer" von F wieder heraus. Mit Recht?

Zeitstrahl

Nachdem Sie den Sachverhalt nun mehrfach gelesen haben, fertigen Sie bitte einen Zeitstrahl an. Im Zeitstrahl tragen Sie chronologisch die Ereignisse ein, die im Sachverhalt zum Teil durcheinander dargestellt werden. Durch die Arbeit mit dem Zeitstrahl können Sie die wichtigen Informationen aus dem langen Text herauskristallisieren und kenntlich machen. Bei diesem Arbeitsschritt ist es wichtig, die Informationen des Sachverhalts in **eigenen Kürzeln** darzustellen, damit der Zeitstrahl einen **zusam-**

menfassenden und chronologischen Überblick über den Fall geben kann. Die Kürzel sehen bei jedem unterschiedlich aus. Manche malen kleine Bildchen, andere benutzen Stichworte und Pfeile etc.. Da Sie während Ihres gesamten Studiums (bei Vorlesungen, Klausuren, Hausarbeiten etc.) sehr viel schreiben, sollten Sie sich eigene Kürzel überlegen. Eine Hilfestellung bieten Kommentare. So können Sie z.B. im Palandt bei den einzelnen Paragraphen nachschlagen, wie dort Kürzel verwendet werden. Auch Professoren und AG-Leiter verwenden in den Vorlesungen und Übungen Kürzel, die Sie für sich weiter verwenden können. Wichtig ist, dass Sie für den Zeitstrahl Symbole und Stichworte verwenden und keine ausformulierten Sätze. Der Sachverhalt wird so auf die notwendigen Fakten zusammengestampft.

Durch diesen Arbeitsschritt nehmen Sie die Informationen des Sachverhaltes nicht nur passiv auf, sondern sie werden in Ihrem Gehirn aktiv verarbeitet. Es hat den Vorteil, dass Sie eine andere optische Aufarbeitung des Sachverhaltes haben. Das hilft Ihrem Gehirn, die Informationen weiter zu verarbeiten und klare Gedanken zu finden. Den Inhalt des Zeitstrahls können Sie viel schneller erfassen als den des langen Sachverhaltstextes. Solange der Text des Sachverhaltes nur gelesen wird, besteht die Gefahr, dass in der Klausur anstatt der Subsumtion der Sachverhalt nur wörtlich wiedergegeben wird. Das ist stilistisch nicht schön und fällt unangenehm auf, da der Verfasser damit aufzeigt, dass er nicht subsumieren kann. Die Verwendung von Symbolen und Stichwörtern hilft Ihnen, bei der Schreibarbeit eigene Formulierungen zu finden, da Sie nicht mehr nur den wörtlichen Text des Sachverhalts im Gedächtnis haben.

Der Zeitstrahl erleichtert insbesondere bei Sachverhalten, in denen die zeitliche Abfolge der Ereignisse für die juristische Lösung von Bedeutung ist, das Verständnis und die richtige Subsumtion. Beispiel: A verkauft an B, B verkauft unter Eigentumsvorbehalt an C, C verkauft unter verlängertem Eigentumsvorbehalt an D, D verkauft an E. Wer ist Eigentümer geworden?

Beachten Sie bitte, dass Gedanken Platz brauchen. Verwenden Sie daher auch für diesen Arbeitsschritt ein eigenes Blatt. Das hilft in der weiteren Bearbeitung, da Sie das Blatt zur Seite legen können und die Sachverhaltsangaben dadurch immer im Auge haben.

Sie sollten diesen Zeitstrahl immer anfertigen. Selbst bei kürzeren Fällen ist es wichtig, denn es hilft Ihnen – wie bereits beschrieben – bei der Verarbeitung von Informationen. Außerdem werden Sie durch das regelmäßige Anfertigen eines Zeitstrahls geübter und dadurch schneller. Machen Sie sich die Mühe, es lohnt sich!

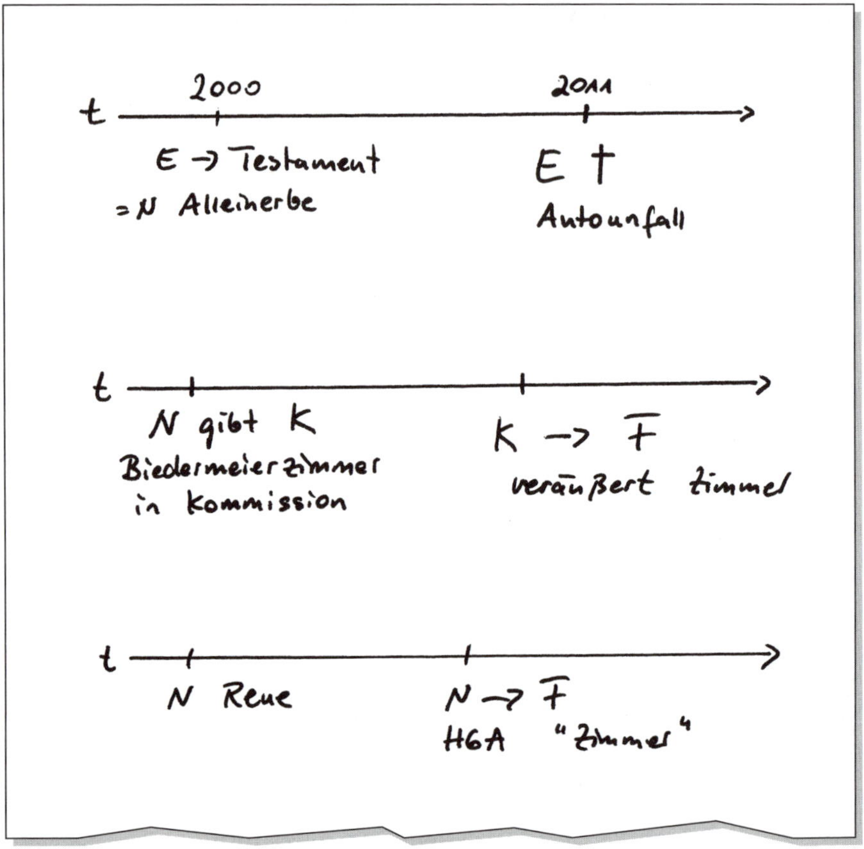

Abb.: Zeitstrahl zum Beispiel „Das Biedermeierzimmer“

Skizze

Nachdem Sie nun den Zeitstrahl angefertigt haben, geht es an die Erstellung der Skizze. Die Skizze verschafft **Gedankenklarheit und Struktur**. Außerdem hilft Sie Ihnen dabei, die einschlägigen Paragraphen zu finden. Denn Sie setzen jetzt die handelnden Personen in Beziehung, so dass erkennbar wird, in welcher rechtlichen Beziehung sie zueinander stehen. Die tatsächlichen Beziehungen werden mit Strichen dargestellt und die rechtlichen Beziehungen werden durch Pfeile kenntlich gemacht. Die Skizze vermittelt so einen guten und schnellen Überblick über die Gesamtsituation, d.h. über die tatsächlichen und rechtlichen Beziehungen. In Ihrer rechtlichen Prüfung hilft es Ihnen, den Überblick zu behalten und in Ihrem Gutachten auch genau bei der tatsächlichen und rechtlichen Beziehung zu bleiben, die Sie zu prüfen haben.

Als erstes widmen Sie sich ausschließlich der **Tatsachenebene**. Welche Personen spielen in Ihrem Sachverhalt eine Rolle? Diese Personen verbinden Sie mit Strichen. Ein Strich stellt dabei die tatsächliche Beziehung zwischen den Parteien dar. Die Beziehung, die in dem Fall untersucht werden soll (auf die sich die Prüfungsfrage bezieht), sollte rot markiert werden. Das hat den Vorteil, dass sie optisch hervorgehoben wird. Häufig mangelt es an der Einsicht, dass nicht alle diskussionsfähigen Beziehungen und Probleme auch wirklich zur Lösung des konkreten Sachverhaltes benötigt werden. Ausführungen (nur weil man etwas weiß, das man zeigen möchte) sind nicht nur unnötig und verfehlen die Schwerpunktsetzung, sondern sind auch noch gefahrenträchtig, da man sich bei der unnötigen Prüfung leicht verzetteln und daher unnötige Fehler machen kann.

Bitte verwenden Sie auch hierfür ein gesondertes Blatt, damit Sie die Skizze großzügig anlegen können. Auch hier gilt der Grundsatz: Gedanken brauchen Platz!

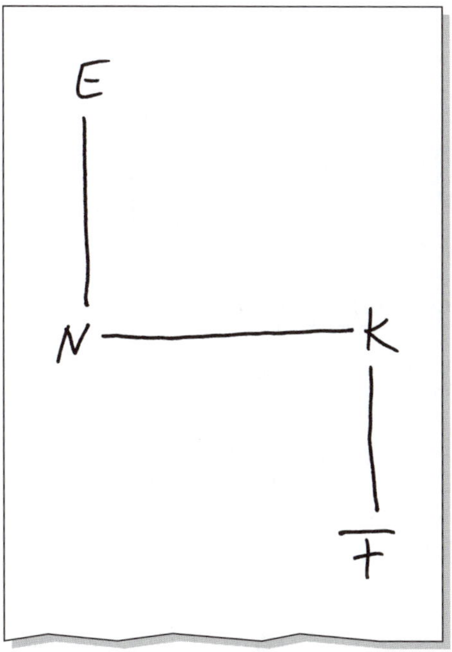

Abb.: Skizze nur tatsächlicher Beziehungen zum Beispiel „Das Biedermeierzimmer“

Nach der Betrachtung der rein tatsächlichen Beziehungen der Parteien untereinander wird die Skizze nunmehr um die **Rechtsebene** angereichert. Hier findet sich die Unterscheidung der Tatsachenebene und der Rechtsebene wieder. Das verschafft gedankliche Klarheit. Jetzt schlagen Sie also die Brücke zur rechtlichen Ebene. Das gelingt Ihnen leichter, wenn Sie sich mit der Fallfrage befasst haben. Sie sehen also, dass die beiden Arbeitsschritte „Skizze anfertigen" und „Fallfrage analysieren" eng miteinander verknüpft sind. Daher werden Sie diese beiden Arbeitsschritte eher nebeneinander statt nacheinander bearbeiten. Wichtig ist hierbei jedoch, dass Sie verstehen, warum Sie welchen Arbeitsschritt machen und wie Sie diesen bearbeiten müssen.

Die tatsächliche Ebene besteht nur aus einem Strich. Um die rechtliche Ebene darzustellen, setzen Sie jetzt an die Striche in Ihrer Skizze Pfeile. Wenn Sie jetzt die rechtliche Ebene hinzunehmen, müssen Sie häufig einen zweiten Strich setzen und können mit Pfeilen die rechtlichen Ansprüche einer Person gegen eine andere Person kennzeichnen. Ein Pfeil kennzeichnet also, dass jemand gegen einen anderen einen Anspruch haben könnte. Diese Pfeile sollten Sie mit §§ versehen.

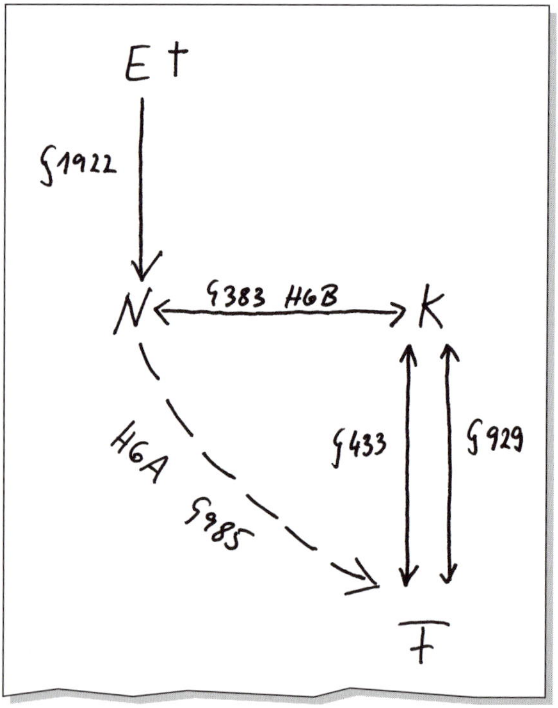

Abb: Skizze mit rechtlichen Beziehungen zum Beispiel „Das Biedermeierzimmer"

6.4.2 Arbeitsschritt 2: Fallfrage analysieren

Es gibt **verschiedene Fallfragen**, die jeweils bestimmte Prüfungsaufbauten erfordern. Wenn umfangreich gefragt wird, lautet die Fragestellung häufig: „Wie ist die rechtliche Situation?" Das heißt, dass Ihre Aufgabe – ähnlich der eines Richters – auf die Überprüfung sämtlicher denkbaren Ansprüche der Beteiligten untereinander ausgerichtet ist. Sämtliche möglich erscheinenden Anspruchsgrundlagen sind zu überprüfen. Eine eng umgrenzte Aufgabenstellung lautet dagegen: „Hat A einen Anspruch auf Herausgabe?"

Die Fragestellung gibt Ihnen den **Prüfungsumfang** vor. Sie müssen aus der Fragestellung zunächst herauskristallisieren, was Sie prüfen müssen und was Sie gerade nicht prüfen dürfen. Eine falsche Interpretation der Fragestellung kann dazu führen, dass man entweder unnötige Ansprüche prüft und daher wertvolle Bearbeitungszeit verschwendet oder falsche Ansprüche prüft. Der erste Schritt ist deshalb die Analyse der Prüfungsfrage im Hinblick auf ihre Tragweite und ihren Umfang.

Nehmen Sie sich für diesen Arbeitsschritt **genügend Zeit** und bleiben Sie trotz des Zeitdrucks geduldig. Arbeiten Sie also sehr sorgfältig bei der Analyse Ihrer Fallfrage. Es lohnt sich! Vermeiden Sie bitte, dass eine Prüfungsaufgabe unklar oder unstrukturiert bleibt. Erst wenn Sie genau wissen, was Ihre Prüfungsaufgabe ist, können Sie diese auch beantworten. Je konkreter Sie absehen können, was verlangt wird, desto leichter fällt es Ihnen, die Paragraphen zu finden, die Sie prüfen müssen. Sie wissen dann, wonach Sie Ausschau halten müssen. Stellen Sie sich also Fragen hinsichtlich Ihrer Prüfungsaufgabe und stecken Sie Ihren **Arbeitsauftrag** ab. Die folgenden Fragen helfen Ihnen die Prüfungsaufgabe zu strukturieren. Die Fragen sind nicht abschließend und nur als Beispiele gedacht.

Fragen:

- Was soll ich bearbeiten?
- Wie viele Teilfragen, bzw. Teilaufgaben gibt es?
- Welche Frage soll ich beantworten?
- Worum geht es inhaltlich?
- Was könnte mein Ergebnis sein?
- Was ist das Begehren?
- Werden konkrete Ansprüche genannt, z.B. Herausgabe, Zahlung etc.?
- Welche strafbaren Handlungen kommen in Betracht?
- Worum geht es in meinem Fall?

Wenn Sie wissen, wohin Sie eigentlich in Ihrer Prüfung wollen oder welchen Paragraphen Sie benötigen, sind Sie viel effektiver bei den weiteren Arbeitsschritten. Denn das Gehirn arbeitet am effektivsten, wenn es weiß:

- Wo will ich hin?
- Warum will ich dort hin?
- Was wird mir begegnen?

Nachdem Sie Ihren Arbeitsauftrag kennen, können Sie für sich die weitere Arbeit an der Klausur festlegen. Dies ist ein Schritt, bei dem Sie eine **Orientierungs- und Planungsphase** einbauen können. Dadurch, dass Sie Ihre Prüfungsaufgabe eingegrenzt haben, können Sie Ihre weitere Arbeit **inhaltlich und zeitlich planen**. Sie können absehen, welche einzelnen Fragestellungen Ihnen bei Ihrer weiteren Arbeit begegnen werden und wie viel Zeit Sie für die Bearbeitung und Beantwortung benötigen.

6.4.3 Arbeitsschritt 3: Auffinden des, bzw. der zu prüfenden Paragraphen

Nachdem Sie Ihren Arbeitsauftrag abgesteckt und analysiert haben, worum es in dem konkreten Fall geht, suchen Sie nach den zu prüfenden Paragraphen. Dies ist unter Umständen der schwierigste Schritt. Ich möchte Ihnen hier die Sorge nehmen, die viele Studenten teilen, dass Sie die zu prüfenden Paragraphen nicht finden. Zwar gibt es die juristischen Überflieger, die immer genau wissen, was zu prüfen ist. Aber es gibt auch sehr viele Studenten, die bei diesem Schritt Probleme haben. Ich möchte Ihnen ein paar Hilfen an die Hand geben. Gerade diejenigen unter Ihnen, die von Prüfungsangst geplagt werden, haben erfahrungsgemäß an dieser Stelle größere Schwierigkeiten sich zu entscheiden. Machen Sie sich bitte bewusst, dass Sie nicht jeden Fall auf Anhieb lösen müssen, um eine gute Klausur zu schreiben. Wir müssen nicht alles wissen, sondern nur, wo die Information steht, nach der wir suchen. Wenn Sie den Schritt zwei (Fallfrage analysieren) umsichtig bearbeitet haben, wissen Sie genau, **welche Rechtsfolge Sie benötigen**. Damit haben Sie **wichtige Stichworte** herausgearbeitet, anhand derer Sie Ihren zu prüfenden Paragraphen finden können.

Schreiben Sie sich auf einen neuen Zettel folgenden Satz:

WER WILL WAS VON WEM WORAUS?

Bislang können Sie die Frage aufgrund des erfassten Sachverhaltes beantworten: „Wer will was von wem?" Das Woraus, d.h. die Rechtsnorm aus der der Anspruch abgeleitet werden kann, analysieren Sie jetzt.

Wer	**will was**	**von wem**
N	das Biedermeierzimmer	von F

Die **Suche** nach der einschlägigen Rechtsnorm folgt der Kenntnis einschlägiger Normen und einem planmäßigen Suchen im Gesetz. Bei der Suche nach den zu prüfenden Paragraphen beachten Sie bitte, dass es verschiedene Arten von Normen gibt. Es gibt Primär- und Sekundärnormen. Primärnormen sind anspruchsgebende Normen und Sekundärnormen sind Hilfsnormen.

Es gibt:

- Anspruchsgrundlagen
- Zuständigkeitsvorschriften
- Ermächtigungsgrundlagen
- Straftatbestände
- Gegennormen (Einwendungen und Einreden)
- Hilfsnormen

Die geeigneten Rechtsnormen sind Ihnen aufgrund der Behandlung der Normen in der Vorlesung, Übung und in den jeweiligen Lehrbüchern vertraut. Sofern das vorhandene Wissen nicht ausreicht, muss man sich auf die **systematische Suche** begeben. Ausgangspunkt ist das Gesetz. Am besten arbeiten Sie frühzeitig mit den Gesetzessammlungen Schönfelder, Satorius und der jeweiligen Gesetzessammlung für das jeweilige Bundesland. Das hat den Vorteil, dass Sie sich für die Examensklausuren optimal vorbereiten können. Jedes einzelne Gesetz in den Gesetzessammlungen hat eine sogenannte Ordnungsnummer. Wenn Sie die Ordnungsnummern oft genug gesehen haben, kennen Sie diese bald auswendig. Außerdem können Sie gelegentlich in den bis dahin noch fremden Gesetzen lesen, um sich für die Zukunft vorzubereiten.

In der Gesetzessammlung muss zunächst **das richtige Gesetz** gesucht werden. Hier ist es entscheidend, dass Sie wissen, wie Gesetze aufgebaut sind. Gerade in öffentlich–rechtlichen Klausuren (insbesondere Europarecht) ist es wichtig zu wissen, welche Gesetze, Rechtsverordnungen etc. übergeordnet und welche untergeordnet sind. Sollten Sie nicht wissen, welches Gesetz im Öffentlichen Recht für Ihre Fallbearbeitung einschlägig ist, können Sie ins **Ordnungsregister** sehen. Das befindet sich im Bandeinschlag des Gesetzestextes und ist auf gelbem Papier gedruckt. Unter den Ordnungsnummern sind die Gesetzestexte alphabetisch sortiert.

Nächster Anhaltspunkt ist das am Ende der Gesetzessammlung befindliche **Sachregister**, auch liebevoll **„Idiotenwiese“** genannt. Dort haben Sie die Möglichkeit, nach Stichworten zu suchen. So erhalten Sie den Hinweis auf die Ordnungsnummer des Gesetzes und den Paragraphen, der zu dem Stichwort eingetragen ist.

Als nächster Anhaltspunkt dient das **Inhaltsverzeichnis** des einschlägigen Gesetzes. Die systematische Suche lohnt sich bei jedem Rechtsgebiet. Im BGB hilft es den Überblick zu bewahren, da das Inhaltsverzeichnis mit seinen Unterteilungen in Teile und Titel einen Wegweiser darstellt. Im Strafrecht ist es sehr hilfreich, die Paragraphen des Besonderen Teils im Inhaltsverzeichnis der Reihe nach zu überschlagen, damit man die in Frage kommenden Strafbarkeitsnormen herausfiltern kann. Im Öffentlichen Recht ist es sehr hilfreich, sich das Inhaltsverzeichnis des einschlägigen Gesetzes anzuschauen, da man dort einen direkten Überblick über den Aufbau des Gesetzes erhält. So nähert man sich zielsicher seiner Anspruchsnorm.

Danach ist es wichtig, **die unbekannte Anspruchsgrundlage zu verstehen**. Hierzu liest man grundsätzlich den Abschnitt, in dem sich die zu prüfende Anspruchsgrundlage befindet, um sich einen intensiven Einblick in den Regelungsgehalt der Paragraphen zu verschaffen. Es ist wichtig, die Paragraphen in Ruhe zu lesen und in dem Gesetz zu blättern, um sich über den Inhalt und den Aufbau der Normen Klarheit zu verschaffen. Gerade wenn das zu prüfende Gesetz unbekannt ist, ist es besonders **wichtig, sich Zeit für das Verständnis dieser Normen zu nehmen**. Es ist entscheidend, die einschlägigen Paragraphen bis zum Ende durchzulesen, um nicht vorschnell deren Anwendbarkeit oder Nichtanwendbarkeit zu bejahen. Indem man einige Paragraphen vor und hinter den scheinbar einschlägigen Paragraphen durchliest, stellt man sicher, den anzuwendenden Paragraphen zu finden und kein Regel-Ausnahme-Verhältnis zu übersehen, das sich aus der Systematik des Gesetzes ergibt. Auch hier ist es sehr hilfreich, sich über Fragen an den Paragraphen heranzutasten. Wenn alle Stricke reißen, gehen Sie folgendermaßen vor:

Übersicht:

1. Fragen Sie sich, welches Rechtsgebiet Sie zu bearbeiten haben.
2. Schauen Sie in das Stichwortverzeichnis („Idiotenwiese“).
3. Schreiben Sie sich alle Paragraphen, die in Frage kommen können, auf ein gesondertes Blatt und schlagen Sie alle nach (Bestandsaufnahme).
4. Werfen Sie einen Blick in das Inhaltsverzeichnis des jeweiligen Gesetzes.
5. Schauen Sie sich den Kontext der einzelnen Paragraphens an. Lesen Sie die Überschrift, ein paar Paragraphen vor und zurück.
6. Lesen Sie die Paragraphen mehrfach und gründlich vom Anfang bis zum Schluss durch.

Nachdem nunmehr die einschlägige Rechtsnorm gefunden wurde, beachten Sie bitte, dass es in den unterschiedlichen Rechtsgebieten auch unterschiedliche und zwingend zu beachtende **allgemeine Prüfungsreihenfolgen** gibt! Das Wort Prüfungsreihenfolge ist missverständlich, weil es sich auch um die Prüfungsreihenfolge der einzelnen Tatbestandsmerkmale handeln könnte. Daher nenne ich sie in diesem Kontext „den generellen Aufbau“. Die Einhaltung des generellen Aufbaus ist notwendig, damit Ihnen keine Fehler in der Überprüfung des Sachverhaltes unterlaufen. Da Sie diesen nicht dem Gesetzestext entnehmen können, müssen Sie diesen Aufbau zwingend auswendig beherrschen.

Beispiel Zivilrecht:
Unter den denkbaren Anspruchsgrundlagen müssen Sie zur effektiven Bearbeitung Ihrer Prüfungsaufgabe die Ansprüche in der richtigen Reihenfolge prüfen. Im Zivilrecht ist bei jeder Anspruchsgrundlage – zumindest gedanklich – zu überprüfen:

I. Anspruch entstanden
   1. Vertragliche Ansprüche
      a) Primärleistungsansprüche (z.B. Herausgabeanspruch)
      b) Sekundärleistungsansprüche (z.B. Schadensersatzanspruch)
   2. Vertragsähnliche Ansprüche
   3. Dingliche Ansprüche
   4. Deliktische Ansprüche
   5. Bereicherungsrechtliche Ansprüche

II. Anspruch untergegangen

III. Anspruch durchsetzbar

Vertragliche Ansprüche unterteilen sich in Primärleistungsansprüche (Erfüllung, Nacherfüllung) und Sekundärleistungsansprüche (Rückzahlung, Rückgabe, Minderung, Schadensersatz, Aufwendungsersatz, Herausgabe eines Surrogats). Sie werden vor vertragsähnlichen Ansprüchen geprüft, weil der Haftungsmaßstab des Vertrages sich auf Ansprüche wegen vorvertraglichen Verschuldens (§§ 280, 311 Abs. 2 BGB) erstrecken kann, das vertragliche Gewährleistungsrecht Haftung für allgemeines vorvertragliches Verschulden oder Anfechtbarkeit ausschließen kann und weil ein Auftrag (Vertrag) die G.o.A. (Geschäftsführung ohne Auftrag) ausschließt. Vertragliche Ansprüche werden vor dinglichen Ansprüchen geprüft, weil aus einem Vertrag sich ein Recht zum Besitz ergeben kann, so dass §§ 985 ff. BGB ausgeschlossen sind und weil ein Vertrag verbotene Eigenmacht (§ 861 BGB) und vertragliche Ansprüche § 1007 BGB ausschließen kann.

Vertragsähnliche Ansprüche (§§ 122, 179, 313, 677 ff., 280 / 311 Abs. 2 BGB) werden vor dinglichen Ansprüchen geprüft, weil sich aus der Geschäftsführung ohne Auftrag (§§ 677 ff. BGB = G.o.A.) ein Recht zum Besitz ergeben kann, so dass die §§ 985 ff. BGB ausgeschlossen sind. Die G.o.A. kann verbotene Eigenmacht (§ 861 BGB) und einen Anspruch aus § 1007 BGB ausschließen. Sie werden vor deliktischen Ansprüchen geprüft, weil sich das Haftungsmaß vorvertraglicher Schuldverhältnisse auf die deliktische Haftung der §§ 823 ff. BGB durchschlagen kann. Die G.o.A. kann im Rahmen der §§ 823 ff. BGB ein Rechtfertigungsgrund sein oder den Haftungsmaßstab mildern. Vertragsähnliche Ansprüche sind vor bereicherungsrechtlichen Ansprüchen zu prüfen, weil die G.o.A. ein Rechtfertigungsgrund i.S.v. § 812 ff. sein kann.

Dingliche Ansprüche unterteilen sich ebenfalls in Primäransprüche (Herausgabe, Grundbuchberichtigung, Duldung der Zwangsvollstreckung, Unterlassen) und Sekundäransprüche (Schadensersatz, Nutzungsersatz, Verwendungsersatz). Sie sind vor deliktischen Ansprüchen zu prüfen, weil die §§ 987 ff., 2018 ff. und 1007 Abs. 3 S. 2 BGB für Schadensersatz spezielle Regelungen enthalten, die die §§ 823 ff. BGB verdrängen.

Deliktische Ansprüche (§§ 823 ff. BGB, 7 / 18 StVG, § 1 ProdHG) sind vor bereicherungsrechtlichen Ansprüchen zu prüfen. Dieser Vorrang ist nicht zwingend, so dass auch renomierte Repetitorien zuerst bereicherungsrechtliche vor deliktischen Ansprüchen prüfen. Allerdings ist bei Vorliegen eines deliktischen Anspruchs dieser dem bereicherungsrechtlichen Anspruch vorzuziehen, da dieser stärker ist, weil kein Entreicherungseinwand der Gegenseite geltend gemacht werden kann.

Bereicherungsrechtliche Ansprüche unterteilen sich in Leistungskondiktionen (§§ 812, 817 BGB) und Nichtleistungskondiktionen (§§ 812, 816 BGB).

Im **Strafrecht** existieren ebenso generelle Aufbauregeln, die Sie zwingend auswendig beherrschen müssen. Insbesondere ist es wichtig, in welcher Reihenfolge die einzelnen Delikte geprüft werden. Im Strafrecht müssen Sie wissen, ob Sie etwa ein vorsätzliches vollendetes Begehungsdelikt oder ein Fahrlässigkeitsdelikt prüfen und welche Prüfungspunkte bei dem jeweiligen Delikt in welcher Reihenfolge abzuarbeiten sind. Diese Regeln sind immer einzuhalten:

Aufbauregeln Strafrecht:

- Täter vor Teilnehmer
- Vollendung vor Versuch
- Handeln vor Unterlassen
- Vorsatz vor Fahrlässigkeit

Im **Öffentlichen Recht** gilt es, die einzelnen Klagearten zu beherrschen. Es ist daher wichtig, die Zuständigkeits- und Begründetheitsvoraussetzungen sämtlicher Klagearten zu kennen. Das Öffentliche Recht wird unterteilt in Staats- und Verwaltungsrecht. Im Verwaltungsrecht gibt es z.B. die Anfechtungsklage, Verpflichtungsklage, Leistungsklage, Feststellungsklage etc.. Sie sollten sich eine Übersicht über die möglichen Klagearten im Staatsrecht und Verwaltungsrecht zusammenstellen. Des weiteren sollten Sie sämtliche Klagearten (eventuell auf Karteikarten o.ä.) mit ihren einzelnen Voraussetzungen auflisten, so dass Sie diese auswendig lernen können.

6.4.4 Arbeitsschritt 4: Gliederung erstellen

Jetzt beginnt die Arbeit an der Lösung des Falles. Wenn Sie die passende Rechtsfolge gefunden haben, müssen Sie sämtliche Tatbestandsmerkmale, d.h. Voraussetzungen, einzeln herausarbeiten. Wie bereits an anderer Stelle beschrieben, besteht eine Anspruchsgrundlage aus Tatbestandsmerkmalen und der Rechtsfolge.

Tatbestandsmerkmale = Voraussetzungen --> Rechtsfolge

Die einzelnen Tatbestandsmerkmale, d.h. die Voraussetzungen der zu überprüfenden Rechtsnorm müssen, soweit erforderlich, definiert oder ausgelegt werden. Dazu ist **methodisches Vorgehen zwingend notwendig**. Es kommt ausschließlich darauf an, ob die Tatbestandsmerkmale in diesem konkreten Fall vorliegen oder nicht. Daher ist eine vom Fall losgelöste rechtliche Diskussion nicht erwünscht! Die Überprüfung der einzelnen Paragraphen ist jedoch auch dann möglich, wenn Sie nichts über sie wissen, denn der Paragraph gibt Ihnen die Prüfungsreihenfolge anhand der Tatbestandsmerkmale vor.

Übung

Verfassen Sie zu dem Beispiel „Das Biedermeierzimmer“ eine Gliederung.

Lösungsvorschlag

Gliederung

N ➔ F Herausgabeanspruch gem. § 985 f. BGB?

1. TBM: Eigentümer
   a) ursprünglich E
   b) Eigentum von E gem. § 1922 BGB auf N übergegangen (+)
   c) nachträglicher Erwerb von F? ➔ § 929 S. 1 BGB
      aa) setzt Handeln des Eigentümers voraus: (-)
      bb) hier hat Nichteigentümer K im eigenen Namen § 383 Abs. 1 HGB gehandelt
      § 185 Abs. 1 BGB: Verfügung eines Nichtberechtigten mit Einwilligung des Berechtigten?
         aaa) K = Nichtberechtigter (+)
         bbb) Verfügung eines Nichtberechtigten = K hat das Biedermeierzimmer an F veräußert (+)
         ccc) N als Eigentümer = Berechtigter (+)
         ddd) Einwilligung des Berechtigten in die Veräußerung des Nichtberechtigten = N hat K Kommissionsauftrag erteilt (+)

cc) Zwischenergebnis: Verfügung des nichtberechtigten K ist wirksam.

d) Zwischenergebnis: Nachträglicher Erwerb von F (+)

2. Ergebnis: Herausgabeanspruch des N gegen F gem. § 985 BGB (-)

Wenn Sie Ihre Gliederung, d.h. Ihre Lösungsskizze vor sich sehen, überprüfen Sie sie noch einmal gedanklich. Stimmt alles, ist alles logisch, gibt es irgendwelche Ungenauigkeiten? Wenn Sie an einer Stelle unsicher sind, dann ist das häufig ein Zeichen dafür, dass ein Problem vorliegt. Das ist eine wertvolle Erkenntnis, denn meist werden Sie durch diese Unsicherheiten auf Kernprobleme gestoßen. Häufig wird leider eben diese Eigenschaft als bedrohlich empfunden, da bei Studenten die Angst besteht, etwas nicht zu wissen oder nicht damit umgehen zu können. Sorgen Sie sich bitte nicht, denn diese Fähigkeit ist wunderbar dafür geeignet, an dieser Stelle noch einmal ganz genau hinzuschauen und alles zu durchdenken. Ist alles logisch und richtig? Wenn nicht, überprüfen Sie noch einmal Ihre vorherigen Schritte und die einzelnen Tatbestandsmerkmale der Rechtsnorm.

6.4.5 Arbeitsschritt 5: Klausurentext verfassen

Nachdem Sie Ihre Lösungsskizze erstellt und sie gedanklich noch einmal auf ihre logische Korrektheit und Schlüssigkeit hin überprüft haben, gießen Sie Ihre Gedanken in den endgültigen schriftlichen Text.

Bei jedem Tatbestandsmerkmal, also auf jeder logischen Ebene (Prüfungsebene), muss der Verfasser sich dafür entscheiden, wie er seinen Gedanken formulieren will. Ist das Tatbestandsmerkmal in dem konkreten Sachverhalt nicht direkt zu bejahen, liegt ein Problem vor. In diesem Fall ist der Gutachtenstil zwingend zu verwenden. Wenn das Tatbestandsmerkmal unproblematisch bejaht oder verneint werden kann, wird der Feststellungsstil verwendet. Sollten Sie sich nicht sicher sein, ob Sie einen Prüfungspunkt näher ausführen müssen, können Sie sich für den gemischten Stil entscheiden. So können Sie Ihr Wissen aufzeigen, ohne jedoch zu ausschweifend zu werden und damit der Gefahr entgegen treten, einen falschen Schwerpunkt zu setzen.

Zwingend erforderlich ist eine **klare Struktur** und eine **verständliche Gliederung des Textes**. Der Leser kann die Gedankengänge nur verstehen, wenn er von einem roten Faden durch den Text geleitet wird. Juristische

Texte dienen vor allem dazu, komplizierte Sachverhalte und deren juristische Lösung für den Leser verständlich darzustellen. Sehen Sie sich hierzu noch einmal die Kapitel „Gutachtentechnik“ und „Fachsprache Jura“ an.

Übung

Formulieren Sie für das Beispiel „Das Biedermeierzimmer“ anhand Ihrer Gliederung den Text.

Lösungsvorschlag

N → F Herausgabeanspruch gem. §§ 985 f. BGB?
N kann das Biedermeierzimmer von F gem. §§ 985 f. BGB herausverlangen, wenn er dessen Eigentümer ist und F nichtberechtigter Besitzer ist.

(**Alternativ:** Fraglich ist, ob N gem. §§ 985 f. BGB das Biedermeierzimmer von F herausverlangen kann.
Alternativ: N könnte gem. § 985 f. BGB das Biedermeierzimmer von F herausverlangen, wenn er dessen Eigentümer und F nichtberechtigter Besitzer ist.)

Eigentümer des Biedermeierzimmers
Ursprünglich war E Eigentümer des Biedermeierzimmers. E ist gestorben. N ist als sein Alleinerbe gem. § 1922 BGB Eigentümer des Nachlasses des E geworden. Somit gehört N auch das Biedermeierzimmer.

Eigentumsübergang gem. § 929 S. 1 BGB
N könnte jedoch das Biedermeierzimmer gem. § 929 S. 1 BGB nachträglich an F verloren haben.
Gem. § 929 S. 1 BGB wird das Eigentum an beweglichen Sachen durch Einigung und Übergabe der Sache übertragen. Das setzt das Handeln des Eigentümers voraus. Hier hat N das Biedermeierzimmer dem F weder übergeben, noch hat er sich mit ihm über den Eigentumsübergang geeinigt. Gehandelt hat vielmehr der Nichteigentümer K. K hat dem F das Biedermeierzimmer veräußert und übergeben. K handelte hierbei gem. § 383 HGB als Kommissionär im eigenen Namen, so dass ein direkter Eigentumserwerb nach § 929 S. 1 BGB ausscheidet.

§ 185 BGB
Das bedeutet, dass K als Nichteigentümer auch gleichzeitig Nichtberechtigter i.S.d. § 185 BGB war. Eigentümer und Berechtigter war N. In dem

Kommissionsauftrag, den N dem K erteilt hat, war das Einverständnis mit enthalten, dass K über das Biedermeierzimmer im eigenen Namen verfügen durfte. Anders konnte dieser Auftrag nicht ausgeführt werden.

Die Verfügung des nichtberechtigten K ist wirksam. Mithin hat F nachträglich das Eigentum an dem Biedermeierzimmer erworben.

Ergebnis
N kann das Biedermeierzimmer gem. §§ 985 f. BGB nicht von F herausverlangen.

6.4.6 Arbeitsschritt 6: Korrektur lesen

Sobald Sie Ihren letzten Satz zu Papier gebracht haben, gilt es Ihren Text zu überprüfen. Dabei ist zu bedenken, dass das Gehirn am effektivsten arbeitet, wenn Sie ihm nur einzelne Arbeitsaufträge geben. Es kann nicht gleichzeitig den Text auf Grammatik, Rechtschreibung, Kommata, inhaltliche Genauigkeit etc. überprüfen. Also legen Sie bitte für sich eine Reihenfolge fest, wie Sie die Korrektur Ihres Textes vornehmen möchten.

Beispiel einer möglichen Checkliste:

1. Durchgang: Konsequenter und logischer Aufbau? Klare Formulierungen?
2. Durchgang: Guter Argumentationsaufbau?
3. Durchgang: Korrekte Grammatik? (Satzbau, Wortwahl, Komma-Regeln, Kasus, korrekt verwendeter Konjunktiv)
4. Durchgang: Enthält der Text unnötige Füllwörter, bzw. unnötige Wiederholungen?

Ideal ist es, wenn Sie Ihre Klausur häufiger überprüfen können. In den meisten Klausuren werden Sie derart unter Zeitnot leiden, dass Sie eventuell nur zu einer Durchsicht Ihrer Arbeit gelangen. In diesem Fall müssen Sie sich entscheiden, welche Punkte Sie überprüfen wollen, z.B. nur den logischen Aufbau oder zusätzlich noch die Einhaltung des Gutachtenstils.

6.5 Allgemeine Hinweise

An dieser Stelle möchte ich Ihnen noch einige allgemeine Tipps geben.

- **Handschrift**

Bitte schreiben Sie ordentlich! Es wäre sehr schade, wenn der Prüfer Ihre brillante Arbeit nicht erkennt, weil er Ihre Schrift nicht lesen kann. Sollten Sie unleserlich schreiben, trainieren Sie das leserliche Schreiben! Holen Sie sich von anderen Studenten oder Familienmitgliedern ein Feedback, ob Ihre Handschrift leserlich ist. Ich sehe immer wieder Klausuren, die ich gar nicht beurteilen kann, da das Entziffern der Handschrift so lange dauert, dass die Gedankenführung des Verfassers nicht hervortritt.

- **Platz**

Benutzen Sie bitte nur die Hälfte des Blattes, also halbspaltig schreiben. Das ist enorm hilfreich, wenn Sie noch etwas hinzufügen wollen. Lassen Sie immer genügend Platz zwischen den einzelnen Prüfungspunkten. Layout ist nicht nur eine Frage der Schönheit oder des Designs, es hilft Ihrem Korrektor, Ihre Gedanken auch optisch besser wahrzunehmen. Wie ich bereits gesagt habe, ist alles wünschenswert, was Ihrem Korrektor hilft, Ihren Gedanken zu verstehen. Je transparenter Ihre Gedanken für Dritte werden, desto besser! Papier ist Ihr Arbeitsmaterial Nummer eins. Ich habe von Studenten den Einwand gehört, *„Aber ich bemühe mich gerade, nicht so viel Papier zu verbrauchen, damit ich die Umwelt nicht schädige“*. Bitte nicht! Ihr Arbeitsmaterial müssen Sie in ausreichender Menge parat haben.

- **Seitenzahl**

Versehen Sie bitte Ihre Seiten mit Seitenzahlen und Datum. Das hilft dem Prüfer alles zu sortieren, falls die Blätter mal durcheinanderfallen sollten. Gewöhnen Sie sich an, dass Sie die Klausur zusammenheften. Es sind Ihre Gedanken. Schenken Sie ihnen Respekt und Beachtung. Nehmen Sie sich selbst und Ihre Arbeit daher wichtig. Im Alltag an der Universität ist Ihre Klausur vielleicht unbedeutend, aber nicht für Sie. Wenn Sie eine ordentliche Klausur schreiben, sollte diese auch optisch einen solchen Eindruck machen.

- **Überschriften**

Verwenden Sie, für die schnellere Nachvollziehbarkeit, Überschriften. Diese sollten Sie gut dosiert einsetzen, d.h. Sie müssen nicht für jedes Tatbestandsmerkmal eine Überschrift verwenden. Nutzen Sie die Überschriften als Wegweiser für Ihren Prüfer. Ihr Gedankengang wird für Ihren Prüfer dadurch schneller und leichter nachvollziehbar.

7. Hausarbeitentechnik

Eine juristische Hausarbeit besteht aus einem konkreten Sachverhalt mit einer oder mehreren Fallfragen. Daher ist die Hausarbeit im Grundsatz ähnlich wie eine Klausur zu bearbeiten. In diesem Kapitel gehe ich nur auf die Unterschiede im Verhältnis zur Klausur ein. Dort, wo Sie die Techniken aus dem 6. Kapitel „Klausurentechnik“ anwenden können, verweise ich auf die entsprechenden Abschnitte.

Der entscheidende Unterschied zwischen einer Hausarbeit und einer Klausur besteht in der Zeit, die Sie für die Bearbeitung des Sachverhaltes und der Lösung der Fallfragen haben. Für die Bearbeitung einer Klausur haben Sie zwischen zwei und fünf Stunden Zeit. Für die Bearbeitung einer Hausarbeit haben Sie zwischen vier Wochen bis zu drei Monaten Zeit. Je nach Universität ist dies unterschiedlich. Wenn der Sachverhalt ausgegeben wird, erfahren Sie den Abgabetermin.

7.1 Was muss ich können

Was Sie können müssen, richtet sich nach dem **Sinn und Zweck von Hausarbeiten**, d.h. nach der **Prüfungsleistung**, die Sie erbringen müssen. Sinn und Zweck der Hausarbeit ist die Überprüfung, ob der Student in der Lage ist, wissenschaftlich zu arbeiten und aufgrund seiner Literaturrecherche eigenständig eine fundierte Lösung zu finden. Dabei ist es nicht zwingend notwendig, die herrschende Meinung zu finden und dieser zu folgen. In einer Hausarbeit haben Sie Gelegenheit, sich gegen die herrschende Meinung oder auch gegen die Rechtsprechung des BGH zu entscheiden. Schließen Sie sich einer Mindermeinung an, sollten Ihre Begründungen und Ihre Argumentation sehr überzeugungsstark sein. Es ist Ihre Prüfungsleistung, daher sollten Sie von Ihrem Ergebnis auch überzeugt sein.

Wenn Sie bestimmte Sachverhaltsangaben nicht für Ihre Lösung benötigen, ist dies oft ein Indiz dafür, dass Sie juristische Probleme entweder noch nicht erkannt haben oder sie sich bei einem Meinungsstreit in Ihrer Lösung einer Mindermeinung angeschlossen haben, mit der Folge, dass Sie sich die Prüfung weiterer juristischer Aufgaben abgeschnitten haben. Diese Sachverhaltsangaben sollten Sie daher genauer untersuchen und Ihre bisherige Lösung auf mögliche inhaltliche Fehler überprüfen.

Mit einer Hausarbeit zeigen Sie dem Prüfer, dass Sie

- einen komplexen Sachverhalt in kurzer Zeit richtig und vollständig erfassen können.
- das Gesetz richtig prüfen können und die Methodik beherrschen.
- die einschlägige Literatur und Rechtsprechung recherchieren und auswerten können.
- die juristische Gedankenführung beherrschen (Gutachtenstil, Feststellungsstil, Gemischter Stil), d.h. den Sachverhalt einer juristisch nachvollziehbaren und verständlichen Lösung zuführen können.
- fähig sind zu argumentieren, und so die von Ihnen vertretene Meinung wissenschaftlich untermauern können.
- wissenschaftlich arbeiten können.
- Organisationsfähigkeit besitzen.

Die Hausarbeit hat eine **große berufliche Relevanz**. Sie lernen hier nicht nur einen Fall wie in einer Klausur zu lösen. In einer Klausurensituation hat man keinen Kommentar zur Hand, der die gängige Rechtsprechung oder Lehrmeinung zu einem konkreten Problem aufzeigt. Daher ist jeder in einer Klausurensituation auf seine eigenen erworbenen Kenntnisse angewiesen. In der Hausarbeit sollen Sie jedoch über Ihre eigene Sicht der Dinge hinaus den Sachverhalt anhand der gängigen Rechtsprechung und Literaturauffassung lösen. Sie setzen sich aktiv mit für Sie neuen Erkenntnissen, nämlich den vorhandenen Meinungen der juristischen Fachwelt auseinander. Aufgrund der Analyse der Rechtsprechung und Meinungen der Literatur bilden Sie sich Ihre Meinung und begründen Ihre Entscheidung unter Zuhilfenahme der bestehenden Literatur. Sie vergleichen Ihren Fall nicht nur mit dem Gesetz, sondern auch mit den bestehenden Meinungen der juristischen Fachwelt. Außerdem lernen Sie, wie Sie unter Zeitdruck effektiv arbeiten.

Die Prüfungsleistung einer Hausarbeit geht daher über die Prüfungsleistung einer Klausur hinaus, da nun erwartet wird, dass die Lösung anhand der bestehenden Literatur umfassend erläutert wird. Dies kommt der Arbeit eines Juristen (Richter, Anwalt etc.) sehr nahe, da Sie in Ihrem späteren Arbeitsleben eben diese Tätigkeit immer wieder ausführen müssen. Sie lernen dadurch, sich intensiv mit der **Auswertung juristischer Quellen** zu befassen. Dabei liegt das Hauptaugenmerk bei der Hausarbeit auf den vielfältigen Ansichten, die in der Literatur vertreten werden, während Sie in Ihrer späteren Praxis vor allem die unterschiedlichen Meinungen der einzelnen Gerichte berücksichtigen müssen. In den seltensten Fällen ist der Prüfungsfall noch nicht von Lehrenden oder von Richtern etc. diskutiert worden. Es kommt so gut wie nie vor, dass es noch keine verwertbaren Ansichten zu dem Thema Ihrer Hausarbeit gibt.

7.2 Welche Voraussetzungen benötige ich hierfür?

An dieser Stelle verweise ich auf die Ausführungen zum Abschnitt 6.2 (insbesondere 6.2.1. und 6.2.2) im Kapitel „Klausurentechnik".

7.2.1 Persönliche Fähigkeiten

Genau wie bei einer Klausur benötigen Sie Mut zum eigenen Denken, den absoluten Willen, die Hausarbeit zu bestehen, Durchhaltevermögen und Konzentrationsfähigkeit. Bitte sehen Sie sich hierzu die Ausführungen im Abschnitt 6.2.1 des Kapitels „Klausurentechnik" an.

Darüber hinaus ist es bei einer Hausarbeit wichtig, **sich auf sich selbst zu konzentrieren und zu verlassen**. Häufig ist zu beobachten, dass sich die Studenten über die Semesterhausarbeit austauschen. Dadurch entstehen jedoch meist eher größere Verwirrungen, als dass Sie davon profitieren würden. Grund dafür ist, dass jeder ein anderes Arbeitstempo und eine etwas andere Herangehensweise hat. Manche schreiben nur chronologisch. Sie müssen alles der Reihe nach prüfen und schreiben. Andere wiederum bevorzugen die Inseltechnik und fangen an einem Punkt an, hören auf und widmen sich einem anderen Punkt. Bei diesen Studenten entsteht die Hausarbeit wie ein Puzzle. Da Sie in der Regel nicht wissen, wie exakt die anderen Studenten arbeiten, können Sie deren Aussagen, Ängste, Sorgen etc. nicht auf Ihre Arbeit anwenden oder projizieren. Verlassen Sie sich also auf Ihre eigene Intuition und Arbeitsweise. Stören Sie sich nicht an den Aussagen anderer.

Wichtig ist Ihre **Motivation**. Letztlich steht keiner hinter Ihnen, der Ihnen Kommandos erteilt. Sie müssen selbst lernen, Ihren inneren Schweinehund zu überwinden. Es gibt einfach genug andere interessante Tätigkeiten, die gerade viel wichtiger erscheinen oder schöner sind, als die eigene Hausarbeit zu schreiben. Erstellen Sie für sich ein Belohnungssystem. Für einen Arbeitstag können Sie sich z.B. einen Kinobesuch gönnen, oder einen schönen Abend mit Freunden genießen oder sich ein neues Kleidungsstück gönnen etc.. Seien Sie bei Ihrer Belohnung kreativ und halten Sie sich an Ihr eigenes Versprechen. Belohnen Sie sich aber nicht, wenn Sie Ihr realistisch gesetztes Ziel nicht erreicht haben. Ausführliche Hinweise und Tipps enthält das Buch von Edith Püschel „Selbstmanagement und Zeitplanung“ aus der Uni-Tipps-Reihe des Schöningh Verlages.

Eine weitere Fähigkeit ist wichtig, nämlich zu **lernen**. Zu diesem Themenkomplex möchte ich Ihnen das Buch von Helga Esselborn-Krumbiegel „Leichter lernen. Strategien für Prüfung und Examen“, 2. Auflage des Schöningh Verlages empfehlen.

7.2.2 Objektive / Praktische Fähigkeiten

Um ein möglichst gutes Ergebnis zu erzielen, sollten Sie sich für die Hausarbeit ein Konzept zulegen (gilt auch für Themenarbeiten). Daher sollte die Hausarbeit als konkretes Projekt geplant werden.

Ein Konzept entwickelt man in drei Schritten:

- Ziel = WAS will ich?
- Strategie = WIE kann ich dies erreichen?
- Taktik = Mit welchen MITTELN kann ich dies erreichen?

Bitte machen Sie sich Ihr Konzept schriftlich bewusst! Wer Projekte schriftlich plant, ist erfolgreicher, als derjenige, der sich die Dinge nur in seinem Kopf vorstellt. Ein Ziel, bzw. ein Projekt schriftlich zu fixieren, ermöglicht die exakte Kontrolle über den Verlauf und die Vollendung des Projekts.

Übung

Beantworten Sie bitte folgende Fragen schriftlich und überprüfen Sie Ihre Antworten nach ca. zwei bis vier Wochen erneut. Diese Übung können Sie jeweils zu Beginn eines Semesters machen.

Ziel:
- Was will ich erreichen?
- Warum will ich das erreichen? Was habe ich davon? Konkrete Gründe benennen!
- Glaube ich, dass ich es schaffe? Wenn ja, warum?

Strategie:
- Wie kann ich das erreichen?
- Wo stehe ich jetzt?
- Was benötige ich zur Zielerreichung? Analyse der Hindernisse/der Lücken.
- Zeitplan erstellen und Aufgaben terminieren.

Taktik:
- Mit welchen Mitteln kann ich mein Ziel erreichen?
- Welche Unterstützung brauche ich von anderen?
- Sich selbst schwören, es zu schaffen.

Ein persönlicher Tipp von mir lautet, dass Sie für das Schreiben der Hausarbeit am PC das 10-Finger-System erlernen. **Das 10-Finger-System** hat gegenüber dem 2-Finger-Such-System den entscheidenden Vorteil, dass Sie wesentlich schneller sind. Sie können Ihre Gedanken sofort niederschreiben, ohne in Ihren Gedanken Pausen machen zu müssen. Das hat auch für Ihr Arbeitsleben und Ihren Arbeitsalltag später eine hohe Relevanz.

Achten Sie bitte auf das **Layout** Ihrer Hausarbeit. Hierbei haben Sie die Vorgaben Ihres Prüfers zu beachten. Häufig wird die Schriftart Times New Roman mit der Schriftgröße 12 verlangt. Der Zeilenabstand ist i.d.R. 1 und die Randabstände werden Ihnen auch vorgegeben. Darüber hinaus haben Sie jedoch viel Gestaltungsspielraum hinsichtlich Ihrer Gliederung und Ihres Gliederungsverzeichnisses. Die einzelnen Ebenen sollten sofort erkennbar sein. Die erste Gliederungsebene können Sie fett markieren und unterstreichen. Die zweite Gliederungsebene ist dann nur noch fett. Die dritte Eben könnte z.B. nur noch unterstrichen sein und die vierte Ebene z.B. nur kursiv. Seien Sie hierbei kreativ und probieren Sie die verschiedenen Varianten aus.

Beispiel:

A. Strafbarkeit des A gem. § 242 StGB

I. Tatbestand

1. Fremde, bewegliche Sache

2. Wegnahme

a) Bruch fremden Gewahrsams

Für den Prüfer ist es wichtig, die Überschriften sofort erkennen zu können. Durch Überschriften kann sich der Prüfer schneller in Ihrer Hausarbeit, d.h. in Ihren Gedanken orientieren. Hilfreich ist daher, die Überschriften klar erkennbar zu gestalten. Sie können nicht nur den Fettdruck und den Unterstrich benutzen, sondern auch vor der nächsten Überschrift einen Absatz machen, d.h. genügend Platz lassen, damit die Überschrift optisch hervortritt.

Speed Reading

Während der Hausarbeit werden Sie viel lesen müssen. Bei der Suche nach geeigneter Literatur ist es hilfreich, wenn Sie schnell lesen können und dabei ein hohes Maß an Textverständnis haben. Textverständnis bedeutet in diesem Fall die schnelle Aufnahme der einzelnen Textinhalte und Informationen. Es gibt bestimmte Lesetechniken, die gerade für das Lesen von wissenschaftlichen Texten sehr hilfreich sind. Ich möchte Sie nur darauf aufmerksam machen, dass Sie durchaus Ihre Lesegeschwindigkeit und gleichzeitig auch die Aufnahme des Textinhalts erhöhen können. Ich kann Ihnen hierzu das Buch von Ruth Wenger „Alpha Skills. Effizienter Lesen, Besser zuhören, Entspannter Arbeiten" vom Campus Verlag empfehlen.

7.3 Wie erwerbe ich die Voraussetzungen?

In der Hausarbeit können Sie die juristische Arbeit am **konkreten Sachverhalt** üben. Das deutsche Rechtssystem ist so gestaltet, dass der Gesetzgeber versucht hat, alle erdenklichen Fälle durch abstrakte Rechtsnormen zu regeln. Um diese auf den konkreten Sachverhalt anwenden zu können, müssen Sie die beiden zentralen Techniken für Ihr weiteres Juristenleben lernen; die **Subsumtion** und die **Gesetzesauslegung**.

Ohne Struktur und ohne Ruhe wird Ihr Denken und Arbeiten immer anfällig für Fehler ganz unterschiedlicher Natur sein. Ein strukturiertes Vorgehen bietet auch die Möglichkeit, eine große Aufgabe, die sich wie ein riesiger Berg vor einem auftürmt, in kleine Etappen zu unterteilen. Jede einzelne Etappe für sich genommen ist eine zu bewältigende Angelegenheit. Daher ist es für Sie wichtig, Ihre **Organisationsfähigkeit** auszubauen. Dies erreichen Sie erfahrungsgemäß mit der **schriftlichen Zielsetzung** und der **konkreten Zeitplanung**.

Ein Zeitplan ist für die Anfertigung einer juristischen Hausarbeit unerlässlich. Je nach Universität haben Sie für eine Hausarbeit zwischen einem Monat und drei Monaten Zeit, Ihre Prüfungsaufgabe zu bewältigen. Egal, ob Sie nun weniger oder mehr Zeit zur Verfügung haben, diese Zeit will gut organisiert sein. Selbst wenn Sie mehr Zeit zur Verfügung haben, liegt die Gefahr darin, dass Sie die Arbeit vor sich her schieben, bis auf einmal nur noch zwei Wochen für die Bearbeitung Ihrer Hausarbeit zur Verfügung stehen. Diejenigen, die nur wenig Zeit zur Verfügung haben, stehen unter dem Druck, die Prüfungsleistung in der verbleibenden Zeit erstellen zu müssen. Die Gefahr liegt darin, dass man sich ohne konkrete Planung leicht verzetteln kann und dadurch Zeit verliert. Durch die **Organisation und Verwaltung** Ihrer Zeit haben Sie ständig Ihre Leistungen vor Auge. Sie wissen, wann Sie welche Arbeiten erledigt haben und was noch zu erledigen ist. Sie haben eine realistische Vorstellung von Ihrer verbleibenden Zeit, so dass Sie nicht so schnell Gefahr laufen, unter Panikattacken zu leiden wie andere Kollegen, die einfach drauflos schreiben und sich keinen konkreten Plan erstellen, was noch vor ihnen liegt und in welche Richtung sie arbeiten wollen. Die Fähigkeit, Ihre Zeit zu organisieren und zu verwalten, werden Sie im übrigen auch im späteren Berufsleben brauchen, unabhängig davon, ob Sie im Staatsdienst oder in der freien Wirtschaft tätig sind.

7.3.1 Zeitplanung

Zeitplanung bedeutet Einteilung der gesamten Zeit, die Sie für die Hausarbeit haben. Gewissermaßen ein grober Arbeitsplan, der sich in Wochenabschnitte aufteilt und mit dem eigenen Terminkalender koordiniert wird. Das bedeutet, dass Sie von Anfang an Ihre privaten „Muss-Veranstaltungen“ wie z.B. Omas 80ste Geburtstagsfeier mit einkalkulieren.

Es empfiehlt sich, mit einem Terminkalender zu arbeiten. So lassen sich nicht nur Hausarbeiten zeitlich planen, sondern das Semester und die Semesterferien ebenfalls. Hierbei ist es gleichgültig, ob Sie einen Kalender in Papierform bevorzugen oder ob Sie das Ipad oder Handy etc. verwenden möchten. Hauptsache Sie strukturieren Ihre täglichen und wöchentlichen Aufgaben, sichern diese übersichtlich und gewöhnen sich an, den von Ihnen verwendeten Kalender regelmäßig zur Planung zu nutzen.

Gute Texte brauchen **Zeit und Geduld**. Das bedeutet, dass ein Text auch mal ruhen sollte. Das hat den Vorteil, dass man Abstand zum eigenen Text bekommt. So fallen einem selbst eher logische Brüche oder sprachliche Ungenauigkeiten auf. Sie sollten sich immer wieder bewusst machen, dass Sie während der Arbeit an der Hausarbeit ganz genau wissen, was Sie eigentlich sagen und mitteilen wollen. Prüfen Sie kritisch, ob Ihr Text genau das sagt, was Sie meinen. Manchmal verdeutlicht der geschriebene Text jedoch nicht ganz den Gedanken des Verfassers. Ihnen ist im Moment des Schreibens zwar ganz klar, was Sie meinen und ausdrücken möchten. Aber wenn Sie nach einigen Stunden oder Tagen Ihren Text nochmals kritisch prüfen, fällt Ihnen auf, ob der Text die Inhalte transportiert, die Sie zum Ausdruck bringen wollen.

Übung

Testen Sie dieses Phänomen für sich, indem Sie eine ältere Hausarbeit oder auch ältere Klausur aus dem vorherigen Semester nochmals zur Hand nehmen und lesen. Sie werden sehen, dass Sie an manchen Stellen haken und mehrmals lesen müssen, um Ihren damaligen Gedankengang nachvollziehen zu können. Selbst erfahrenen Schreibern kann das immer mal wieder passieren.

Diesem Phänomen kann man am besten mit Übung begegnen. Je mehr und häufiger Sie formulieren und sich selbst nach einiger Zeit kritisch beurteilen, desto schneller fallen Ihnen Ungenauigkeiten und deren Ursachen auf.

Schriftliche Planungen sind immer gut und ziehen in der Regel eine gut orientierte und ausgewogene Prüfungsleistung nach sich. Erstellen Sie daher zu Beginn einer Hausarbeit einen Gesamtplan.

Beispiel:

1. Woche	– Sachverhalt erfassen – Fallfrage analysieren – Lösungsskizze anfertigen – Sichten der Primärliteratur
2. Woche	– Lösungsskizze überarbeiten – Sekundärliteratur sichten und sammeln – Beginn des Rohtextes
3. Woche	– Überprüfung und Überarbeitung der Lösungsskizze – Überarbeitung
4. Woche	– Rohfassung überarbeiten – Feinschliff – Formalien bearbeiten – Korrekturlesen anhand von Checklisten

Tipp

Entwerfen Sie einen schriftlichen Zeitplan, drucken diesen möglichst auf ein farbiges Papier und hängen ihn in sichtbarer Nähe zu Ihrem Arbeitsplatz auf. Die intensive und kontinuierliche Beschäftigung mit der Zeitplanung ist wichtig für Ihren Arbeitsalltag und auch für Ihre Motivation. Dadurch, dass Sie ständig vor Augen haben, was Sie bereits geschafft haben und was noch zu erledigen ist, aber auch dadurch, dass Sie die große Aufgabe in zu bewältigende Etappen einteilen, fördert das Ihre Motivation und Ihre Arbeitsfähigkeit.

7.3.2 Zeitmanagement

Unter Zeitmanagement verstehe ich die Arbeit mit der konkreten Aufgabe und der konkreten Zeit. Das bedeutet, dass Sie Tagespläne schriftlich fixieren. Diese Tagespläne können Sie in Ihrem Schnellhefter mit integrieren und durch Trennblätter von dem eigentlichen Arbeitsteil visuell abtrennen. Das hat den Vorteil, dass Sie sämtliche wichtigen Fakten gebündelt an einem Ort haben. Sie können jedoch auch ein anderes Heft oder einen anderen Schnellhefter verwenden.

Ich empfehle Ihnen, die schriftliche Tagesplanung am Ende eines Arbeitstages für den nächsten Tag festzulegen. Das hat mehrere Vorteile.

Zum einen entwickeln Sie ein Ritual, mit dem Sie Ihren Arbeitsalltag abschließen. Zum anderen ist es eine gute Möglichkeit, Revue passieren zu lassen, was Sie an diesem Arbeitstag erreicht haben. An manchen Tagen ist der Fortschritt nicht so offensichtlich. Macht man sich darüber keine Gedanken, erstellt also keine Tagespläne, könnte man das Gefühl bekommen, nichts erreicht zu haben. Oftmals stimmt dies nicht. Da Sie durch eine schriftliche Planung immer die von Ihnen geleistete Arbeit an Ihrem Tagesplan messen können, sehen Sie die Fortschritte bei der Bearbeitung Ihrer Aufgabe und wissen genau, was Sie erreicht haben. Menschen neigen dazu, die einzelnen Arbeitsphasen – deren Auswirkung, Intensität und Wichtigkeit – zu unterschätzen. Eine schriftliche Planung schützt davor und lässt Sie erkennen, was Sie bereits geleistet haben.

Wer viel arbeitet, muss auch viele **Pausen** machen. Durch zu hohe Anforderungen an sich selbst wird der Arbeitsprozess empfindlich gestört. Es kann zum Aufschieben und zu noch größeren Problemen führen. Es empfiehlt sich, kleine und überschaubare Einheiten zu wählen und großzügig Pausen zu verteilen. Sollte man sich in einer produktiven Phase befinden, kann man immer noch die Pause nach hinten verschieben. Wenn das Gehirn konzentriert an einer Aufgabe arbeitet, ermüdet es im Laufe der Zeit, so dass zur effektiven Fortsetzung der Arbeit nach ca. 45 Minuten bis einer Stunde eine 3-5 minütige Pause zu empfehlen ist. Lassen Sie in dieser Zeit Ihre Gedanken schweifen, ohne sich zu konzentrieren, essen oder trinken sie etwas, atmen Sie frische Luft und verlassen evtl. Ihren Arbeitsplatz.

Außerdem ist es wichtig, dass Sie wissen, wie Ihre Leistungskurve aussieht. Das bedeutet, dass Sie wissen, wann Sie ein Leistungshoch haben und wann nicht. Generell werden Sie nach dem Mittagessen ein Leistungstief haben. Dafür steigt die Leistungsbereitschaft wieder zum Ende des Nachmittags. Nutzen Sie also bewusst Ihre Leistungshochs und legen Sie Ihre Pausen in ein Leistungstief. Sie sollten auch wissen, ob Sie ein Nachtmensch oder ein Morgenmensch sind. **Morgenmenschen** können gut ab 8 Uhr morgens arbeiten und Leistung bringen. Ihre Leistungsbereitschaft endet jedoch am frühen Abend, so gegen 18 Uhr. **Nachtmenschen** kommen vor 10 Uhr morgens meist nicht wirklich in Gang. Dafür können Sie bis nachts 0 – 1 Uhr gut arbeiten. Quälen Sie sich also nicht unnötig morgens in die Bibliothek, nur weil es Ihre Kollegen auch tun. Schaffen Sie für sich Ihr eigenes und höchst persönliches gutes Arbeitsklima.

Beispiel:
Tagesplan eines Morgenmenschens

Uhrzeit	Konkrete Aufgabe	Erledigt
7:00 – 8:00	Aufstehen und Frühstücken	
8:00 – 10:00	Sachverhalt bearbeiten	
10:00 – 10:30	Kaffeepause	
10:30 – 12:30	Sachverhalt wie eine Klausur lösen Fallfrage analysieren Einschlägige Paragraphen finden	
12:30 – 14:00	Fahrt in die Uni Treffen mit Kollegen oder Freunden Essen in der Mensa	
14:00 – 16:00	Weiter den Sachverhalt wie eine Klausur lösen Lösungsskizze erstellen	
16:00 – 16:30	Kaffeepause	
16:30 – 18:30	Weiter an der Lösungsskizze arbeiten	
18:30 –	Freie Abendgestaltung wie Sport, Freunde treffen, Hobby etc.	

Beispiel:
Tagesplan eines Nachtmenschens

Uhrzeit	Konkrete Aufgabe	Erledigt
8:00 – 9:00	Aufstehen und Frühstücken	
9:00 – 10:30	Freie Zeit, die für private Zwecke eingesetzt werden kann	
10:30 – 12:30	Sachverhalt bearbeiten	
12:30 – 14:00	Fahrt in die Uni Treffen mit Kollegen oder Freunden Essen in der Mensa	
14:00 – 16:00	Sachverhalt wie eine Klausur lösen Fallfrage analysieren Einschlägige Paragraphen finden	

Uhrzeit	Konkrete Aufgabe	Erledigt
16:00 – 16:30	Kaffeepause	
16:30 – 18:30	Weiter den Sachverhalt wie eine Klausur lösen Lösungsskizze erstellen	
18:30 – 19:30	Abendessen	
19:30 – 21:30	Weiter an der Lösungsskizze arbeiten	
21:30 –	Freie Abendgestaltung wie Sport, Freunde treffen, Hobby etc.	

Sehen Sie zu, dass Sie ausreichend Zeit für das Essen und Erholungspausen einkalkulieren, dabei Ihre Freizeit und sozialen Kontakte nicht vernachlässigen müssen. Dennoch haben Sie an solch einem Tag 8 Stunden gearbeitet. Das entspricht einem normalen Arbeitsalltag. Wenn Sie diese Zeit also effektiv genutzt haben, können Sie stolz auf sich sein und dies als gute Leistung bewerten. Daher habe ich auch eine Spalte „Erledigt" eingefügt. Es ist gut und es motiviert, wenn Sie Ihre Haken setzen können. Das gibt ein Gefühl der Erleichterung und vermittelt Ihnen Erfolgserlebnisse. Diese Erfolgserlebnisse benötigt man, um durchhalten zu können. Manchmal sieht man am Ende eines Tages gar nicht die Leistung, die man erbracht hat, da der Berg von noch zu erledigender Arbeit sich scheinbar vor einem auftürmt. Daher ist es gut, dass Sie jeden Tag eine Leistungskontrolle durchführen und Ihre echte Leistung auch zu schätzen lernen. Ein solch großes Projekt wie eine Hausarbeit kann schließlich nicht an einem Tag erledigt werden.

„Der Mensch, der den Berg versetzte, war derselbe, der anfing, kleine Steine wegzutragen."
Chinesisches Sprichwort

Empfehlenswert ist das Buch von Edith Püschel „Selbstmanagement und Zeitplanung" aus der Uni-Tipps-Reihe des Schöningh Verlages.

7.3.3 Literaturrecherche

Die primären Literaturquellen teilen sich in unterschiedliche Bereiche auf.

Literaturquellen:

- Lehrbücher
- Kommentare
- Skripte und Schemata
- Zeitschriften (insbesondere Aufsätze)
- Monographien
- Urteile und Entscheidungssammlungen
- Juristische Datenbanken
- Internet

Zum einen gibt es die **Lehrbücher**. Diese kann man noch in Kurzlehrbücher unterteilen, die einen schnellen Überblick über eine Materie liefern und die sonstigen Lehrbücher (u.a. Handbücher), die viel mehr Einzelinformationen liefern und dadurch tiefer in die Materie einsteigen. Sie bieten jedoch keinen schnellen Überblick.

In **Kommentaren** werden die einzelnen Tatbestandsmerkmale eines Gesetzes erläutert; im wesentlichen wird die Rechtsprechung hierzu wiedergegeben und es erfolgt eine systematische Aufbereitung der Einzelheiten über diesen Paragraphen.

Skripte und **Schemata** stellen die Materie des jeweiligen Rechtsgebiets sehr strukturiert dar. An diesen Strukturen kann man die Hausarbeit gut ausrichten. Wichtig ist hierbei, dass Skripte und Schemata nicht zitierfähig sind. Sie dürfen daher nicht in Ihr Literaturverzeichnis aufgenommen werden und auch nicht bei den Fußnoten auftauchen. Allerdings enthalten Skripte Literaturhinweise. So findet man die entsprechende Literaturquelle, die auch zitierfähig ist. Schemata helfen bei der Gliederung und Lösungsskizze der Hausarbeit.

Zeitschriften enthalten Aufsätze, in denen rechtliche Probleme systematisch dargestellt und diskutiert werden. Darüber hinaus werden die aktuellen Entscheidungen veröffentlicht und zum Teil noch diskutiert. In studentischen Ausbildungszeitschriften werden aktuelle Fälle gutachterlich gelöst.

Monographien enthalten eine systematische Abhandlung zu einem bestimmten rechtlichen Problemkreis. Daher können sie ganz nützlich bei der Bearbeitung einer Hausarbeit sein. Zudem enthalten sie ein ausführliches Literaturverzeichnis und sind daher für die Literaturrecherche von großem Nutzen.

In **Urteilen** und **Entscheidungssammlungen** lernt man die juristische Argumentationsweise kennen, da jeweils ein Sachverhalt juristisch gelöst und an diesem die rechtlichen Probleme diskutiert und entschieden werden. Der Aufbau von Gerichtsurteilen folgt strengen formalen und inhaltlichen Regeln. Je häufiger Sie Gerichtsurteile lesen, desto geläufiger werden Ihnen diese Regeln. Wichtig ist hierbei die Hierarchie der Gerichte. BGH-Urteile sind entscheidender und bedeutungsvoller als Urteile eines Amtsgerichts. Da es in einer Hausarbeit nicht um die einzig richtige Lösung geht, sind die Argumente der Amtsgerichte ebenfalls von Bedeutung. Sie können Ihnen entscheidende Hilfestellung bei Ihrer eigenen Argumentation geben.

Juristische Datenbanken enthalten neben Gerichtsurteilen auch Kommentare, Lehrbücher und Aufsätze. Durch die Suchmasken können Sie mit Stichworten gezielt nach Entscheidungen etc. suchen. Die juristischen Datenbanken sind äußerst praktisch. Daher werden sie auch von Praktikern intensiv genutzt. Es schadet daher nicht, sich bereits während des Studiums mit den einzelnen Juristischen Datenbanken zu befassen. Die Datenbanken sind zwar gebührenpflichtig, jedoch bieten die Universitäten den Studenten in der Regel den Zugang zu den Datenbanken kostenlos an.

Das **Internet** bietet über die Suchmaschinen einen Zugriff auf eine Vielzahl von Quellen. Dabei müssen Sie darauf achten, welche Quelle Sie benutzen. Seriöse Quellen zeichnen sich dadurch aus, dass die Texte von Juristen erstellt wurden, die die von ihnen verwendeten Quellen zitieren. Sie können z.B. unter www.wikipedia.de den Begriff Drittschadensliquidation eingeben, um sich schnell eine Vorstellung davon zu machen, was mit dem Begriff gemeint ist und welche Voraussetzungen sie hat. Der Autor des Artikels ist dort nicht ersichtlich. Den Literaturhinweisen können Sie jedoch nachgehen und nachdem Sie diese gelesen haben, aus diesen Literaturhinweisen zitieren. Würden Sie stattdessen aus Wikipedia zitieren und als Quelle die Literaturhinweise angeben, würden Sie – was verboten ist – blind zitieren. Denn Sie hätten nicht sichergestellt, dass die auf Wikipedia zitierte Literatur tatsächlich den auf Wikipedia wiedergegebenen Inhalt aufweist.

Das Suchen in juristischen Datenbanken und im Internet folgt eigenen Regeln. Diese sollte man beherrschen, damit die Suche erfolgreich und schnell verläuft. Die Universitäten bieten zahlreiche Veranstaltungen zu diesem Thema an. Sollten Sie sich bei der Internetrecherche noch nicht sicher fühlen, empfehle ich Ihnen, einen solchen Kurs zu belegen.

>> **Tipp**

> Beschriften Sie Ihre Kopien unmittelbar nach dem Kopieren. Literatur, die Sie kopieren, sollten Sie sofort zusammentackern und jeweils auf der ersten Seite beschriften. Auf jede Ihrer Kopien gehört die Angabe: Autor, Verlag, Jahrgang bzw. Gericht, Aktenzeichen, Datum und Art der Entscheidung (Beschluss oder Urteil) etc., damit Sie am Ende der Hausarbeit keine Zeit in der Bibliothek darauf verschwenden, die Literaturangaben Ihrer Kopien wieder aufzufinden!

Es stellt sich zu Beginn der Hausarbeit die Frage, mit welcher Literaturquelle man zuerst anfangen soll. Hierfür gibt es keine Regel, sondern nur Empfehlungen, da jeder Sachverhalt unterschiedlich ist und daher eine etwas andere Herangehensweise verlangt. Ich empfehle Ihnen, die Bearbeitung mit einem Skript und einem Kurzlehrbuch zu beginnen. Das bedeutet, dass man sich anhand der schnellen Übersicht eine Grobstruktur seiner Lösungsskizze erarbeiten kann. In Hausarbeiten ist es gut, mit der Grobstruktur zu beginnen und dann nach und nach die weitere Literatur einzubeziehen, die sich detaillierter und intensiver mit dem einzelnen Rechtsproblem auseinandersetzt, d.h. Kommentare, Aufsätze, Handbücher etc..

Für Ihre Hausarbeit benötigen Sie ein System, wie Sie Ihre Lektüren (Literaturnachweise) verwalten. Die Hausarbeitenphase gibt Ihnen die Möglichkeit, mit Hilfsmitteln (Karteikartensystem, Textmarkern, Kopien, Originalbüchern oder EDV- System) zu experimentieren und herauszufinden, was Ihnen am besten liegt.

7.4 Arbeitsschritte

Die Hausarbeitentechnik beschreibt den Arbeitsprozess einer Hausarbeit. Die Hausarbeit lässt sich am leichtesten bewältigen, wenn Sie ebenso wie die Klausur in **einzelne Etappen** unterteilt wird. Die Technik ähnelt der der Klausurentechnik, da die Aufgabenstellung in den meisten Fällen die Bearbeitung eines Sachverhaltes ist und die Prüfungsaufgabe in der Erstellung eines Gutachtens liegt.

Da die Hausarbeit über eine wesentlich längere Zeitspanne verfasst wird, widme ich mich hier den spezifischen Besonderheiten einer Hausarbeit und verweise im übrigen auf die Ausführungen zur Klausurentechnik.

1. Planungs- und Vorbereitungsphase
2. Sachverhalt erfassen (Trennung von Tatsachenebene und Rechtsebene)
3. Fallfrage analysieren. Frage: Worum geht es?
4. Erstes Sichten der Primärliteratur / Auffinden der zu prüfenden Paragraphen
5. Sammeln und festlegen der Prüfungsreihenfolge (Lösungsskizze)
6. Sekundärliteratur sichten und auswerten / Verbessern der Lösungsskizze
7. Rohtext verfassen
8. Schlusstext/ Gliederung/ Literaturverzeichnis erstellen
9. Mehrfach Korrektur lesen

Ich empfehle Ihnen, eine Hausarbeit bei der Ausgabe zunächst wie eine Klausur zu behandeln und diese mit den bekannten Techniken aus dem 6. Kapitel Klausurentechnik in einer Zeitspanne von etwa 5 Stunden zu lösen. Dabei reicht es, eine Lösungsskizze zu entwerfen. Eine Reinschrift der Lösung ist nicht erforderlich.

7.4.1 Planungs- und Vorbereitungsphase

Im Idealfall haben Sie vor Erstellung Ihrer ersten Hausarbeit bereits gelernt mit 10 Fingern zu tippen. Es ist ratsam, **ca. eine Woche** vor der Ausgabe der Hausarbeit mit den konkreten Vorbereitungen anzufangen. Das hat zweierlei Vorteile. Zum einen bereiten Sie sich mental auf die kommende Prüfungsaufgabe vor. Zum anderen räumen Sie Ihren Arbeitsbereich auf. Sie brauchen einen **freien Arbeitsplatz**, damit Sie nicht Ihre Prüfungsaufgabe mit anderen Sachen oder Aufgaben vermischen. Es ist ungünstig, wenn Sie wichtige Unterlagen von Ihrer Prüfungsaufgabe in einem chaotischen Arbeitsbereich verlieren und Sie müssen dann nach der Ausgabe der Hausarbeit keine Zeit mehr auf die Vorbereitung Ihres Arbeitsplatzes mehr verwenden.

In der Vorbereitungsphase haben Sie ausreichend Zeit, um **sämtliche Arbeitsmittel** in großzügiger Menge zu beschaffen. Sie brauchen einen vollständig eingerichteten Computer, auf dem auch der Treiber für den von Ihnen verwendeten Drucker installiert und Ihr Schreibprogramm eingerichtet ist, einen Memorystick für regelmäßige Sicherheitskopien Ihrer Lösung, ausreichend Kopierkarten oder Kleingeld für Kopien, buntes, kariertes oder liniertes Schreibpapier, Druckerpapier, Toner oder Tinte für Tintenstrahldrucker, Büroklammern, Hefter und Heftklammern, einen Locher vorzugsweise mit Schiene, mehrere Aktenordner, weitere notwendige Schreibutensilien (wie z.B. Kulis, Textmarker, Buntstifte etc).

Auf sämtliche benötigten Arbeitsmittel sofort zugreifen zu können, ist Grundvoraussetzung für eine erfolgreiche Hausarbeit.

Ich empfehle Ihnen, sich ansprechendes Schreibwerkzeug zuzulegen, das auch gut in der Hand liegt. Es arbeitet sich angenehmer und leichter, wenn Sie ein schönes Equipment haben.

Für eine Hausarbeit brauchen Sie eine gute **Aufbewahrungsstruktur Ihrer Ideen, Gedanken und Einfälle**. Ich empfehle Ihnen, von Anfang an eine Mappe, bzw. einen Schnellhefter mit einer ausreichenden Anzahl von leeren Blättern zu bestücken, den Sachverhalt als erste Seite einzuheften und alle Arbeitsschritte in diesem Schnellhefter festzuhalten. So bündeln Sie Ihre Gedanken, und kein Gedanke, keine Idee geht aufgrund von Zettelwirtschaft oder Chaos verloren. Bitte beachten Sie auch hier den Grundsatz, dass Gedanken Platz brauchen. Also für jeden Arbeitsschritt mindestens ein eigenes Blatt verwenden!

Als nächstes brauchen Sie ein gutes **Aufbewahrungssystem für die angefertigten Kopien**. Es empfiehlt sich, mehrere Aktenordner nebst Register, bzw. mit Trennblättern bereit zu stellen. Sie können auch farbige Trennblätter verwenden. So können Sie bereits mit optischen Hilfsmitteln Ihre Literaturangaben sortieren und z.B. gewissen Prüfungsaufgaben bzw. Teilaufgaben, Tatkomplexen etc. zuordnen. Auf den Trennblättern vermerken Sie rechts auf den Laschen gut sichtbar das Thema der nachgeordneten Kopien zur schnellen Wiederauffindbarkeit.

7.4.2 Erfassen des Sachverhaltes

Wir haben bereits im 6. Kapitel „Klausurentechnik" gesehen, dass es notwendig ist, den Sachverhalt vollständig zu erfassen. Daher ist es gefährlich, direkt nach der Ausgabe der Hausarbeit in die Bibliothek zu gehen und nach Literatur zu suchen. Ich verweise auf meine Ausführungen zum Erfassen des Sachverhalts im 6. Kapitel „Klausurentechnik". Hier ist auch wichtig, die Tatsachenebene und die Rechtsebene zu trennen.

Formulierungen um Hypothesen vorzustellen

- 1. Lesen, Schmierzettel zurecht legen
- 2. und 3. Lesen, Unterstreichen (eventuell Farben verwenden)
- Zeitstrahl anfertigen
- Wenn nötig Argumentationstabelle oder Zeichnung von den Beteiligten anfertigen
- Skizze anfertigen

Die Arbeit am Sachverhalt darf sich nur mit DIESEM Fall befassen, nicht mit einem „ähnlichen“ Fall, den Sie während Ihrer Literaturrecherche gefunden haben. Die Gefahr ist groß, den Fall – durch Unterstellungen, durch Nichtbeachtung von Einzelheiten – in eine andere Richtung „zu pressen“ (**Sachverhaltsquetsche**).

7.4.3 Fallfrage analysieren

Ich verweise auf meine Ausführungen im 6. Kapitel „Klausurentechnik“. Die Fragen, die ich Ihnen dort vorgestellt habe, sind hier ebenfalls anwendbar. Wichtig ist, dass Sie der möglicherweise komplexen Fallfrage den exakten Prüfungsumfang entnehmen. Daher ist es wichtig, sich mit der Fallfrage eingehend zu befassen und sich den Umfang auch schriftlich vor Augen zu führen. Die Gedanken hierzu können Sie in Ihrer Arbeitsmappe festhalten. Dies erleichtert die mehrfache Überprüfung während der Hausarbeit.

Strafrecht

In einer Strafrechtshausarbeit ist es wichtig, sich auf einem gesonderten Zettel alle relevanten Handlungen zu notieren. Denn sämtliches Handeln und Unterlassen der Personen kann den Tatbestand eines Strafgesetzes erfüllen. Die Handlungen können in den meisten Fällen in zeitliche Abschnitte unterteilt werden. Diese Abschnitte nennt man Tatkomplexe. Die Handlungsabschnitte, bzw. die Tatkomplexe werden durch zeitliche Zäsuren unterteilt. Wichtig ist hierbei, dass Sie die Fallfrage auch dahin untersuchen, ob

- gewisse Delikte oder Deliktsgruppen nicht untersucht werden sollen
- ein notwendiger Strafantrag gestellt wurde, oder ob dies unterstellt werden darf
- ob die strafbaren Handlungen nur eines bestimmten Täters untersucht werden sollen.

Öffentliches Recht

Im Öffentlichen Recht hilft es heraus zu arbeiten: WER WILL WAS VON WEM! Wenn Sie einen Verwaltungsrechtsfall zu bearbeiten haben, dann will i.d.R. ein Bürger etwas von einer Behörde. Sie müssen festhalten, was er von WELCHER Behörde will.

Weitere Fragen helfen den Prüfungsumfang festzulegen:

- Was wollen die Beteiligten?
- Worauf wird es ankommen?
- Um welche staatliche Maßnahme handelt es sich?
- Was liegt vor: Leistungsverwaltung, Eingriffsverwaltung oder Planungsverwaltung?
- Was ist zu prüfen: Anspruchs- oder Ermächtigungsgrundlage?

Zivilrecht

Im Zivilrecht ist es besonders wichtig, den Fall gründlich zu durchdenken. Sie werden sich während der Bearbeitung Ihrer Hausarbeit immer wieder die Fragen stellen müssen:
- Worum geht es in diesem Fall?
- WER WILL WAS VON WEM WORAUS?

7.4.4 Erstes Sichten der Primärliteratur / Auffinden des zu prüfenden Paragraphens

Wenn Sie meinen Rat befolgen, zunächst die Hausarbeit wie eine Klausur zu lösen, haben Sie sich bereits mit dem, bzw. den zu prüfenden Paragraphen beschäftigt und haben eine Idee davon, wohin die Reise gehen soll. Sie wissen daher, welche Gesetzesnormen einschlägig sind oder zumindest einschlägig sein könnten. Hinsichtlich der Suche des zu prüfenden Paragraphen verweise ich auf meine Ausführungen im Kapitel Klausurentechnik.

Danach können Sie sich mit der **Primärliteratur** beschäftigen. Mit Primärliteratur meine ich Kurzlehrbücher, Skripte und Schemata. Sie sollten solche Literaturquellen nutzen, die einen gezielten und kurzen Überblick über die Materie gewähren. Auf diese Weise erhalten Sie einen guten Überblick über den Prüfungsablauf. Auftauchende Probleme schlägt man in Kommentaren nach, die einen tieferen Einblick in die Materie gewähren. Außerdem liefern diese Literaturquellen weitere wertvolle Literaturtipps. Sie geraten also nicht in die Gefahr ziellosen Suchens in der Bibliothek, sondern können gezielt die Literaturtipps aufnehmen, die Sie für Ihre Falllösung benötigen.

Sie können in Ihrem Schnellhefter, bzw. Ihrer Mappe eine Rubrik „Weitere Literaturtipps" aufnehmen, die Sie zu einem späteren Zeitpunkt überprüfen wollen. Diese Rubrik sollten Sie von der restlichen Mappe optisch trennen. Sie können z.B. Trennblätter verwenden oder diese Rubrik mit farbigem Papier hervorheben. In dieser Rubrik halten Sie alle Literaturtipps fest, die Sie in den Kommentaren etc. gefunden haben und die sich nach Ihrer vorläufigen Einschätzung für die Bearbeitung Ihres Falles eignet. Wenn Sie genügend Literaturtipps auf der Liste gesammelt haben, können Sie diese bei Ihrem nächsten Besuch in der Bibliothek in einem Stück abarbeiten und somit Zeit sparen.

7.4.5 Sammeln und Festlegen der Prüfungsreihenfolge (Gliederung)

Haben Sie Ihre ersten Literaturquellen analysiert, so können Sie mit deren Hilfe die erste grobe Gliederung entwerfen. Im Verlauf Ihrer Arbeit werden Sie sich immer tiefer in die Materie einarbeiten und auf bestimmte Argumentationen stoßen. Daher werden Sie Ihre Gliederung anhand neuer Erkenntnisse immer wieder umstellen und verfeinern. Das ist typisch für die Arbeit an einer Hausarbeit. Als **Arbeitsgrundlage** benötigen Sie jedoch eine vorläufige Gliederung, um Ihre Suche möglichst effektiv zu gestalten. Die vorläufige Gliederung liefert Ihnen anhand der gewählten Überschriften die **Stichworte** für Ihre weitere Suche. Sollte z.B. in einer Strafrechtshausarbeit das Tatbestandsmerkmal des Gewahrsamsbruchs (§ 242 StGB) problematisch sein, können Sie anhand dieses Stichwortes in der weiteren Literaturrecherche dieses z.B. in einer juristischen Datenbank, einem größeren Lehrbuch etc. verwenden. So gestalten Sie Ihre Suche sehr effizient.

Beispiel:
Möglicherweise gehen Sie in Ihrer groben Lösungsskizze von einem vollendeten Diebstahl aus. Bei der Auswertung der Literatur stellen Sie jedoch fest, dass z.B. die Rechtsprechung einen Gewahrsamsbruch in Ihrem Fall gerade nicht bejaht. Dann müssen Sie Ihre Prüfung für den vollendeten Diebstahl bei diesem Tatbestandsmerkmal abbrechen und sich als nächstem Prüfungspunkt dem versuchten Diebstahl zuwenden. So verändern Sie im Lauf Ihrer Bearbeitung Ihre Lösungsskizze.

Tipp

>> Erstellen Sie für jede Prüfungsfrage oder jeden Tatkomplex, bzw. jede Tathandlung eine grobe Gliederung. Es ist gefährlich, erst eine Teilfrage nach der anderen vollständig zu bearbeiten, da Sie so Ihre Arbeit nicht sinnvoll planen können. Behalten Sie also während der gesamten Prüfungszeit sämtliche Teilfragen im Auge und erstellen Sie für jede Prüfungsfrage einen konkreten Zeit- und Terminplan, aus dem sich ergibt, wann Sie was erledigen.

7.4.6 Sichten der Sekundärliteratur und Verbesserung der Gliederung

Als nächstes sichten Sie die **Sekundärliteratur** und werten diese aus. Mit Sekundärliteratur meine ich Aufsätze, Urteile und Entscheidungssammlungen, umfassendere Lehrbücher, Kommentare etc.. Das sind die Literaturquellen, in denen sich die Autoren vertieft mit einzelnen juristischen Ansichten beschäftigen. Dort finden Sie die Argumente der jeweiligen Ansichten auf ganz konkrete Fragen, z.B. ob ein Gewahrsamsbruch in einer ganz bestimmten Situation vorliegt oder nicht. Wenn Sie die Lösung für Ihre konkrete Frage gefunden haben, können Sie sich wieder der Primärliteratur, die einen besseren Überblick als die Sekundärliteratur bietet, und dem nächsten Problem widmen, das Sie dann wiederum mit der Sekundärliteratur abschließend beurteilen und lösen. Während Sie die Sekundärliteratur sichten, werden Sie Ihre Lösungsskizze immer wieder auf ihre logische Korrektheit und Schlüssigkeit hin überprüfen und verfeinern.

7.4.7 Rohtext verfassen

Anhand Ihrer Lösungsskizze beginnen Sie mit der Formulierungsarbeit. Sie werden sich bei jedem Tatbestandsmerkmal entscheiden müssen, ob Sie den Gutachtenstil, Feststellungsstil oder den gemischten Stil verwenden. Bei diesem Arbeitsschritt ist es oft hilfreich, die Gedanken „unsauber" zu formulieren. Das bedeutet, dass Sie jetzt noch nicht auf die Wortwahl achten sollten. Schreiben Sie zunächst den Gedanken auf, den Sie haben, egal ob er grammatikalisch korrekt oder logisch schlüssig ist. Im ersten Schritt fixieren Sie Ihre Gedanken. Erst im zweiten Schritt werden diese Gedanken auf Ihre Korrektheit hin überprüft. Denn zu frühe kritische Bewertung des eigenen Textes hemmt nämlich den Schreibfluss.

Beachten Sie bitte auch hier die Regel: Gedanken brauchen Platz! Lassen Sie nach jedem Arbeitsschritt und jedem Gedankenabschnitt viel Platz, ebenso an Stellen, an denen Sie noch weitere Gedanken ausführen wollen. Diese Stellen können Sie mit Fettdruck oder ähnlichem markieren, so dass Sie bei jedem Ausdruck oder Lesen wissen, dass an dieser Stelle noch Ausführungen zu machen sind.

Wichtig ist, dass Sie alle fremden Gedanken zitieren müssen. Wie das funktioniert, sehen Sie weiter unten im Abschnitt Formalia.

>> **Tipp**

Sobald Sie einen fremden Gedanken zitieren, machen Sie dies bitte durch eine Fußnote kenntlich. Sollten Sie den fremden Gedanken nicht zitieren, sondern nur als solchen festhalten wollen, um ihn später in eigene Worte umzuformulieren, so sollten Sie diesen Text kursiv oder anders kenntlich machen. Denn es ist unzulässig, fremdes Gedankengut abzuschreiben, ohne dieses als fremd zu kennzeichnen.

Wie stelle ich einen Meinungsstreit dar?

Für die Ausarbeitung von Streitfragen ist es sinnvoll, die einschlägige Literatur sehr gründlich zu lesen und zu bearbeiten. Sie benötigen für die Formulierung des Streits einen guten Überblick über die verschiedenen Meinungen. Empfehlenswert ist eine **Argumentationstabelle** anzufertigen und die verschiedenen Argumente in eigenen Stichworten aufzuschreiben. Grundsätzlich bestehen zwei Varianten, einen Meinungsstreit argumentativ aufzubereiten.

Variante 1:

Sie können die verschiedenen Meinungen jeweils als einheitlichen Block mit ihren jeweiligen Argumenten zusammenstellen. Am Ende der Ausführung einer jeden Meinung subsumieren Sie unter der jeweiligen Meinung. Ganz zum Schluss vergleichen Sie die Ergebnisse Ihrer Subsumtionen. Kommen alle Meinungen zu demselben Ergebnis, ist eine Streitentscheidung entbehrlich. Kommen die Meinungen jedoch zu unterschiedlichen Ergebnissen, müssen Sie den Streit entscheiden. Für diesen Fall sollten Sie sich vorab entschieden haben, welcher Meinung Sie sich anschließen wollen. Ein starkes Argument dieser Meinung sollten Sie zurückbehalten, d.h. nicht bei der Darstellung der Meinung verwenden. Von den Meinungen, die Sie ablehnen möchten, halten Sie nur schwache Argumente zurück. Fangen Sie mit der Meinungen an, die Sie ablehnen wollen. Die Meinung, die Sie vertreten, stellen Sie als letztes dar und nennen zum Schluss Ihr stärkstes Argument. Es wird sich von den schwachen Argumenten der Gegenmeinungen abheben und überzeugungsstark sein.

Variante 2:

Sie können die Meinungen mit ihren jeweiligen Argumenten nacheinander gegenüberstellen. Allerdings möchte ich Sie vor dieser Variante warnen! Zum einen ist es sprachlich sehr schwierig, eine solche Argumentationskette korrekt darzustellen. Die zweite Schwierigkeit liegt in der Nachvollziehbarkeit der Argumentation. Sollten Sie nämlich mehr als zwei Meinungen haben, so wird es äußerst schwierig, diese sprachlich richtig und nachvollziehbar aufzubereiten.

7.4.8 Erstellen von Schlusstext, Gliederung und Literaturverzeichnis

Den Rohtext werden Sie immer wieder lesen. Bei jedem Lesen fallen Ihnen weitere sprachliche oder sachliche Ungenauigkeiten auf, die Sie immer weiter verbessern und verfeinern. Während der Arbeit an dem Sachverhalt erstellen Sie bereits die Gliederung und auch das Literaturverzeichnis. Sowohl die Gliederung als auch das Literaturverzeichnis sollten Sie immer wieder aktualisieren. Das erspart Ihnen im Nachhinein viel Arbeit.

Die Gliederung ist zum Schluss auf ihre logische Korrektheit hin zu überprüfen. Seien Sie bei dieser Aufgabe besonders gründlich und genau. So können Sie sicherstellen, dass Ihre Gliederung keine logischen Brüche enthält, da sie eine Übersicht über die komplette Prüfung Ihrer Hausarbeit enthält.

7.4.9 Mehrfach Korrektur lesen

Bitte erinnern Sie sich, dass das Gehirn am effektivsten arbeitet, wenn Sie ihm nur einzelne Arbeitsaufträge geben. So kann man nicht gleichzeitig den Text auf Grammatik, Rechtschreibung, Kommata, inhaltliche Genauigkeit etc. überprüfen. Also legen Sie bitte für sich eine Reihenfolge fest, bei welchem Lesedurchgang Sie auf was achten wollen.

Beispiel wie eine Checkliste aussehen könnte:

1. Durchgang: Ist die Gliederung logisch und in sich schlüssig?
2. Durchgang: Habe ich klare Formulierungen benutzt? Entspricht die Schwerpunktsetzung meiner Ansicht? Habe ich den Gutachtenstil richtig verwendet?
3. Durchgang: Habe ich die Grammatik korrekt angewendet? (Satzbau, Wortwahl, Komma-Regeln, Kasus, richtig verwendeter Konjunktiv)

4. Durchgang: Enthält der Text unnötige Füllwörter oder unnötige Wiederholungen?
5. Durchgang: Habe ich – wenn es mir der Stil erlaubt – abwechslungsreich Wörter und nicht ständig „mithin oder somit" benutzt?
6. Durchgang: Guter Argumentationsaufbau?
7. Durchgang: Stimmen die Fußnoten mit dem Literaturverzeichnis überein, d.h. keine Blindzitate?
8. Durchgang: Ist mein Layout ansprechend? Stimmen die Gliederungsebenen, stimmen die Formatierungen?

Es ist empfehlenswert, wenn Sie die letzten drei Tage der Prüfungszeit nur für das Korrekturlesen und den Feinschliff verwenden. Kalkulieren Sie diese Zeit bitte von Anfang an mit ein!

7.5 Formalien einer Hausarbeit

Bei der Hausarbeit gilt es bestimmte Formalia einzuhalten. Sie müssen wissen, wie man richtig zitiert und wie ein Literaturverzeichnis auszusehen hat.

7.5.1 Aufbau einer Hausarbeit

1. Deckblatt (ohne Seitenzahlen)
2. Sachverhalt (römische Seitenzahlen)
3. Gliederung (römische Seitenzahlen)
4. Literaturverzeichnis (römische Seitenzahlen)
5. Text (arabische Seitenzahlen, beginnend mit S. 1)

7.5.2 Wann wird zitiert?

Fremdes Gedankengut wird immer mit einem Zitat belegt und gekennzeichnet. Zitate kennzeichnet man mit einer Fußnote. Fußnoten befinden sich immer hinter den Definitionen oder Ansichten, die Sie kennzeichnen wollen. Unter Open-Office etwa klicken Sie auf „Einfügen" und dann auf „Fuß-/Endnote" und drücken dann auf „OK" für das automatische Einfügen von Fußnoten.

7.5.3 Wie wird zitiert?

Direkte Zitate sind wörtliche Übernahmen aus der Originalquelle und sind in Anführungszeichen zu setzen. Indirekte Zitate geben demgegenüber den Inhalt der Originalquelle nicht wörtlich, sondern sinngemäß wieder. Daher sind die indirekten Zitate nicht in Anführungszeichen zu setzen. Indirekte Zitate sind vorzuziehen, denn Sie sollen die Meinungen und Ansichten schließlich in eigenen Worten wiedergeben und nicht wörtlich zitieren.

Im Literaturverzeichnis geben Sie wieder, wie Sie im Text konsequent die jeweilige Literaturquelle zitiert haben. Brox BGB Allgemeiner Teil zitieren Sie z.B. im Text folgendermaßen: „Brox, BGB AT, Rnr. 8". Im Literaturverzeichnis bezeichnen Sie die Literaturquelle vollständig und schreiben danach, wie Sie diese im Text zitiert haben: „zitiert als: Brox, BGB AT". Nicht zitierfähig sind Skripte (z.B. Alpmann Schmidt, Hemmer etc.).

Beispiel:

Urteile

Gerichtsentscheidungen werden zitiert mit:
- dem Namen des Gerichts (z.B. BAG)
- dem Datum der Entscheidung (19.06.1967)
- dem Aktenzeichen der Entscheidung (2 AZR 287/66)
- der Fundstelle (BAGE 19)
- der Anfangsseite der Entscheidung und der zitierten Seite (351, 352).
  Zusammen also: BAG v. 19.06.1967 (2 AZR 287/66) BAGE 19, 351, 352

Wichtig ist hierbei die Information, um welches Gericht es sich handelt. Zitieren Sie die Ansichten eines höheren Gerichts, oder eines Amtsgerichts? Je hochrangiger das Gericht, desto wichtiger ist der aus der Entscheidung abzuleitende Grundsatz.

Kommentare
- Name des Autors (Lackner)
- Stichwort aus dem Titel + Jahreszahl (StGB, 1993)
- bearbeiteter Paragraph (§ 15)
- Randnummer (Rn. 3)

Zusammen also: Lackner – StGB, 1993 § 15 Rn. 3

Lehrbücher
- Namen des Autors (Brox)
- Stichwort aus dem Titel + Jahreszahl (BGB AT, 1994)
- Seite (110) oder Randnummer (Rn. 210)

Zusammen also: Brox – BGB AT, 1994 – S. 110 (oder Rn. 210)

Aufsätze
- Name des Autors (Stark)
- Stichwort aus dem Titel, Jahr (Arbeitsvertrag, 1903)
- Fundstelle (JW 1903)
- mit Anfangsseite und zitierter Seite (230, 235)

Zusammen also: Stark – Arbeitsvertrag, 1903 – JW 1903, 230, 235

7.5.4 Fehlerhafte Zitate in Hausarbeiten

Die Fußnote bezieht sich fälschlicherweise direkt auf den Sachverhalt.

Beispiel:
„Somit handelte A in der Absicht rechtswidriger Bereicherung." „Fußnote: Siehe auch BGHSt."

Obwohl klar ist, was der Bearbeiter meint, darf so nicht zitiert werden. Der BGH hat den vorliegenden Fall des Aufgabentextes nie entschieden. Es handelt sich bei der Entscheidung allenfalls um einen vergleichbaren Fall!

Es ist unnötig und damit falsch, eine Aussage per Fußnote zu belegen, die sich unmittelbar aus dem Gesetz ergibt. Im folgenden Beispiel ist das Zitat überflüssig, denn der Gesetzeswortlaut spricht für sich und darf nicht mit einer Fußnote „untermauert" werden. Zitate werden erst notwendig, wenn sich die Aussage nicht unmittelbar aus dem Gesetz ergibt.

Beispiel:
Falsch: *„Mittäter ist, wer gemeinschaftlich mit einem anderen die Straftat begeht. Fußnote: Tröndle § 25 Rn.5"*
Richtig: *„Mittäter ist, wer gemeinschaftlich mit einem anderen die Straftat begeht, § 25 II StGB.*

7.5.5 Wie sieht ein Literaturverzeichnis aus?

Das Literaturverzeichnis wird alphabetisch erstellt. Häufig reicht es aus, sämtliche Literaturquellen alphabetisch darzustellen. Bei Hausarbeiten mit einem umfangreichen Literaturverzeichnis kann es notwendig sein, dass eine Unterteilung in Kommentare, Aufsätze und Lehrbücher erfolgt, um die Übersichtlichkeit zu wahren. Das hängt von der Anzahl der Literaturangaben ab. Je mehr Angaben, desto eher ist eine Unterteilung angezeigt.

Bei jeder Literaturquelle müssen Sie die Auflage benennen, es sei denn, es handelt sich um die erste Auflage. Ferner nennt man den Erscheinungsort und das Erscheinungsjahr. Bei Aufsätzen ist es wichtig, dass Sie die Zeitung, das Erscheinungsjahr und die Seitenzahlen der ersten und letzten Seite angeben.

Beispiel:

Literaturverzeichnis

Becker, Ernst; Decker, Heinrich	Kommentar, Loseblattausgabe 23. Ergänzungslieferung, Wiesbaden 1999, zitiert als: Becker.
Brandt, Jürgen; Sachs, Michael	Handbuch Verwaltungsverfahren und Verwaltungsprozess Stuttgart, 1999, zitiert als: Brand.
Broß, Siegfried; Ronellenfitsch, Michael	Besonderes Verwaltungsrecht und Verwaltungsprozessrecht 5. Auflage, Heidelberg 1998, zitiert als: Broß.
Buhren, Gert D.	Allgemeines Kommunalrecht NRW Grundriss für die Ausbildung und Fortbildung 5. Auflage, Köln 1995, zitiert als: Buhren.
Diekmann, Jochen; Heinrich, Friedrich W.	Gemeindeordnung für das Land NRW Kommentar Köln 1996, zitiert als: Diekmann GONW.
Erichsen, Hans- Uwe	Kommunalrecht des Landes NRW 2. Auflage, Siegburg 1997, zitiert als: Erichsen.
Held, Friedrich;	Gemeindeordnung für das Land NRW zitiert als: Held GONW.
Hellermann, Johannes	Mitwirkungsrechte des fraktionslosen Ratsmitgliedes In: Jura 1995, Heft 3, S. 145 – 150, zitiert als: Hellermann.
Krebs, Walter	Grundfragen des verwaltungsrechtlichen Organstreits

	In: Jura 1981, Heft 11, S. 596 – 580, zitiert als: Krebs.
Maurer, Hartmut	Allgemeines Verwaltungsrecht 12. Auflage, München 1999, zitiert als: Maurer.
Papier, Hans-Jürgen	Die verwaltungsgerichtliche Organklage In: Die Öffentliche Verwaltung 1980, S. 292 – 299, zitiert als: Papier.
Schmitt Glaeser, Walter	Verwaltungsprozessrecht 15. Auflage, Stuttgart 2000, zitiert als: Schmitt.

Sie können Ihr Literaturverzeichnis auch anders gestalten. In Fragen des Layouts sind Sie frei. Sollten Sie die Literaturangaben fortlaufend erstellen, müssen Sie Satzzeichen verwenden. Nach dem Namen des Autors wird ein Doppelpunkt gesetzt und die weiteren Angaben wie Titel, Erscheinungsort, -jahr etc. werden durch Kommata getrennt. Bitte beachten Sie die obigen Grundregeln und beherzigen Sie den Grundsatz der Übersichtlichkeit und Eindeutigkeit der Zitierweise durch einheitliche Zitierung.

7.5.6 Was soll ich bei der Erstellung meiner Gliederung beachten?

Die Gliederung soll dem Prüfer einen schnellen Überblick über Ihre gesamte Prüfungsleistung geben. Die Überschriften zeigen auf, wie Ihre Prüfung abläuft und Sie Ihre Gedanken führen. Dafür ist es notwendig, dass Sie die Überschriften geschickt wählen.

Beispiel:
Auszug aus einer Gliederung

Gliederung

Tipp

Nehmen Sie sich bei Ihrer ersten Hausarbeit viel Zeit für das Layout und die Formatierung. Sie können diese Hausarbeit als Vorlage für alle weiteren Hausarbeiten verwenden. Formatierungsarbeiten oder Gedanken zum Layout können Sie sich auch bereits in Ihrer Vorbereitungsphase machen, so haben Sie nachher zum Schluss Ihrer Hausarbeit mehr Zeit für Ihre eigentliche Prüfungsaufgabe!

8. Themenarbeiten / Seminararbeiten

Hilfreich für Ihren Arbeitsprozess ist der Ratgeber von Helga Esselborn-Krumbiegel: „Von der Idee zum Text. Eine Anleitung zum wissenschaftlichen Schreiben“, 3.Aufl., Paderborn 2008. Dort erhalten Sie nicht nur Hilfestellung hinsichtlich der Arbeits- und Zeitplanung, sondern auch hinsichtlich der uns Juristen recht fremden Themeneingrenzung.

8.1 Was muss ich können?

Was Sie können müssen, richtet sich nach dem Sinn und Zweck von Themen- und Seminararbeiten, d.h. nach der Prüfungsleistung, die Sie erbringen müssen.

Die Prüfungsleistung besteht darin, dass Sie:

- Ihr Thema in kurzer Zeit richtig und vollständig erfassen und interpretieren.
- Ihr Thema eingrenzen und die wichtigen Informationen herausarbeiten, so dass Sie in Ihrer Arbeit Schwerpunkte bilden.
- Ihre Arbeit nachvollziehbar, logisch und in sich schlüssig aufbauen und gliedern.
- wissenschaftlich arbeiten.
- strukturiert vorgehen.
- das Gesetz richtig verstehen und die Methodik beherrschen.
- sich mit der bestehenden Literatur auseinandersetzen.
- argumentieren, um die von Ihnen vertretene Meinung wissenschaftlich zu untermauern.
- Organisationsfähigkeit besitzen.

Während einer Themen- oder Seminararbeit sollen Sie sich mit einem **Thema sachlich und objektiv auseinander setzen**. Dies gewährleistet, dass Sie sich intensiv mit Ihrem Thema beschäftigen, um eine stringente und überzeugende Darstellung abliefern zu können. Der Lerneffekt ist bei dieser Art der Bearbeitung sehr hoch, so dass viele Kandidaten das Thema Ihrer Themen- oder Seminararbeit oft noch Jahre später in sehr klarer Erinnerung haben und noch gut reproduzieren und erklären können.

Themenarbeiten oder Seminararbeiten unterscheiden sich von Hausarbeiten und Klausuren. Hausarbeiten und Klausuren liegen konkrete Sachverhalte zugrunde, aus denen sich mehrere konkrete Rechtsprobleme ergeben, die im Wege eines Rechtsgutachtens gelöst werden müssen. Der Student soll in einer Klausur oder Hausarbeit dem Leser durch sein Rechtsgutachten seinen Entscheidungsvorschlag für die juristischen Probleme des Falles unterbreiten. In einer Themenarbeit löst man dagegen keinen konkreten Streit zwischen zwei Parteien oder untersucht die strafbaren Handlungen einer Person. In einer Themen- bzw. Seminararbeit **stellen Sie ein rechtliches Problem in einem Sachzusammenhang dar**. Dadurch soll für den Leser das konkrete rechtliche Problem oder der rechtliche Regelungsinhalt eines Paragraphen losgelöst von einem konkreten Fall aufgezeigt und diskutiert werden. Das bietet die Chance, ein rechtliches Problem bzw. einen oder auch mehrere Paragraphen in ihrem Zusammenspiel **abstrakt zu untersuchen, zu analysieren und darzustellen**.

Aufhänger des zu analysierenden rechtlichen Problems oder Regelungsinhaltes können **verschiedene Fragestellungen** sein. Es wird etwa ein Paragraph genannt und Sie sollen z.B. dessen Anwendungsbereich darstellen, oder es wird ein geschichtlicher Aufhänger aus aktuellem Anlass zum Gegenstand einer Themen- oder Seminararbeit gemacht. Die Aufgabenstellung ist sehr vielfältig. Sie lernen bei der Themen- und Seminararbeit, dass Sie selbst verantwortlich dafür sind, die Fragestellung genau zu interpretieren. Wir haben in den vorangegangenen Kapiteln bereits festgestellt, dass die Prüfungsfragen sehr genau untersucht werden müssen. Diesem Arbeitsschritt kommt bei der Themen- bzw. Seminararbeit eine besondere Bedeutung zu. In Hausarbeiten und Klausuren haben Sie die Prüfungsfrage nur daraufhin zu untersuchen, aus welcher Sicht und in welche Richtung Sie den Sachverhalt zu überprüfen haben. Die Problemstellung ergibt sich aus dem konkreten Sachverhalt. Bei der Themen- bzw. Seminararbeit können Sie nicht immer sogleich die Problemstellung erkennen, so dass Sie sich intensiver mit der Aufgabenstellung befassen müssen, um den **Prüfungsumfang** bestimmen zu können. Dadurch fällt es in der Regel schwerer als bei der Bearbeitung von Hausarbeiten, **das Sachthema einzugrenzen**, zu **strukturieren** und einen für den Korrektor nachvollziehbaren Aufbau (**roten Faden**) zu wählen.

Unterschiede Themenarbeit – Hausarbeit und Klausur

Themen- bzw. Seminararbeit	Hausarbeit und Klausur
• Kein Sachverhalt • Allgemeine Fragestellung	• Konkreter Sachverhalt • Konkrete Fragestellung
Analyse bedeutet systematisches Untersuchen. Etwas wird sehr genau auf seine Merkmale hin betrachtet, damit man es in seiner Beschaffenheit, seiner Zusammensetzung, seinem Aufbau o.Ä. erkennen kann.	Es findet eine **Überprüfung** statt. Damit ist eine kontrollierende Untersuchung gemeint, anhand derer die Übereinstimmung eines konkreten Sachverhalts mit einer rechtlichen Norm bejaht oder verneint werden kann.
Eine themenzentrierte Denk- und Arbeitsweise steht im Vordergrund. Durch die **wissenschaftliche Arbeitsweise** entwickelt sich der rote Faden.	Das Rechtsgutachten wird mit Hilfe des **Gutachtenstils** bzw. der Gutachtentechnik entwickelt. Der Gutachtenstil ist hierbei der rote Faden.
Ergebnis ist die Darstellung eines Rechtsproblems im Sachzusammenhang.	Ergebnis ist ein **Entscheidungsvorschlag** für einen Rechtskonflikt, aus dem sich insbesondere die Gründe für den Vorschlag ergeben.

8.2 Welche Voraussetzungen benötige ich hierfür?

Wie bei den Prüfungsleistungen Klausur und Hausarbeit benötigen Sie auch für die Themen- und Seminararbeiten persönliche und objektive Fähigkeiten.

- Zu den **persönlichen Fähigkeiten** gehören Motivation, Mut zum eigenen Denken, Durchhaltevermögen, Konzentrationsfähigkeit und der absolute Wille zu bestehen.
- Zu den **objektiven Fähigkeiten** gehören vor allem die Organisationsfähigkeit, insbesondere das Zeitmanagement, eine strukturierte Arbeitsweise, klare Formulierungen und Präzision, speed- reading.

Ich habe diese Voraussetzungen bereits im 6. und 7. Kapitel „Klausurentechnik“ und „Hausarbeitentechnik“ beschrieben, so dass ich diesbezüglich auf diese Kapitel verweise.

Darüber hinaus müssen Sie in viel höherem Maße als bei Klausuren und Hausarbeiten **die wissenschaftliche Arbeitsweise beherrschen**. Insbesondere benötigt Ihre Arbeit **eine innere Struktur, d.h. einen roten Faden**. Anders als bei Klausuren und Hausarbeiten steht Ihnen nicht der Gutachtenstil als roter Faden zur Verfügung. Die große Frage, die sich vielen bei der Bearbeitung eines abstrakten Themas stellt, ist, wie Sie Ihren Text gliedern wollen.

8.3 Wie erwerbe ich die Voraussetzungen?

Wie im 6. und 7. Kapitel bereits dargestellt, macht erst **Übung** den Meister. Sie können die Themen- bzw. Seminararbeit im Vorfeld anhand von Referaten trainieren. Nehmen Sie auch an einem Probeseminar teil, wenn an Ihrer Universität so etwas angeboten wird.

Vielleicht fragen Sie sich immer noch, wie Sie es schaffen, klarer zu formulieren und wissenschaftlich zu arbeiten. Am besten greifen Sie zu dem Ratgeber „Richtig wissenschaftlich schreiben. Wissenschaftssprache in Regeln und Übungen“ von Helga Esselborn-Krumbiegel, Schöningh (UTB), 2010. Die Autorin beschreibt hier die **Stilprinzipien**, die in der heutigen Wissenschaftskommunikation als ungeschriebene Gesetze gelten. Ferner geht sie auf die gedankliche Klarheit, die sprachliche Präzision und die Entwicklung des roten Fadens ein. Darüber hinaus widmet sie sich den häufigen sprachlichen Fehlern und zeigt auf, wie man besser formulieren kann.

Tipp

Es ist sehr wichtig zu wissen, welcher Maßstab in einer Disziplin angelegt wird, damit man einerseits weiß, was der Norm entspricht und man sich andererseits diesen Stil zu eigen machen kann. Erst im dritten Schritt kann man sich seinen eigenen Weg, also seinen eigenen Stil suchen, durch den man sich von anderen Studenten abhebt.

8.4 Arbeitsschritte

Wie wir bereits im 6. und 7. Kapitel festgestellt haben, beschreibt die Technik zur Erstellung einer Themen- und Seminararbeit **den Arbeitsprozess**. In der nachfolgenden Übersicht erläutere ich Ihnen den Arbeitsprozess einer Themen- und Seminararbeit.

1. Vorbereitungsphase

2. Planungs- und Orientierungsphase
   ➜ Thema erfassen
   a) Brainstorming
   b) Frage: Worum geht es? Habe ich ein Gesetz zu überprüfen? Ist ein bestimmter oder sind mehrere Paragraphen wichtig? Muss ein Paragraph erst noch gefunden werden?
   c) Thema eingrenzen

3. Recherchearbeit und Materialbeschaffung
   ➜ Literaturrecherche
   ➜ Gesetze lesen
   ➜ Eventuell ältere Gesetzesausgaben beschaffen

4. Strukturierung der bisherigen Ergebnisse
   ➜ Material ordnen
   ➜ Thesenpapier erstellen
   ➜ Gliederung erstellen und immer weiter verfeinern

5. Text verfassen
   ➜ Anhand der Gliederung den Rohtext verfassen
   ➜ Rohtext immer weiter verbessern und verfeinern
   ➜ Schlussfassung des Textes

6. Feinschliff
   _ Fußnoten und Literaturangaben überprüfen
   _ Mehrfach Korrektur lesen

8.4.1. Vorbereitungsphase

Die Vorbereitungsphase einer Themen- oder Seminararbeit gleicht der einer Hausarbeit. Sie beginnt vor der Vergabe des Prüfungsthemas und ist dazu da, sich auf die Arbeit mit dem Thema vorzubereiten. Lesen Sie daher bitte nochmals das Kapitel 7.4.1 „Hausarbeitentechnik“, um sich den Inhalt zu vergegenwärtigen. Bitte bereiten Sie auch für Ihre Themenarbeit eine Mappe oder einen Schnellhefter vor, den Sie ausschließlich für Ihre Gedanken und Ihre Sucharbeit benutzen, um alle Informationen gebündelt an einem Ort zu haben.

8.4.2 Planungs- und Orientierungsphase

In der Planungs- und Orientierungsphase werden Sie Ihr **Thema erfassen und eingrenzen** müssen. Themen- bzw. Seminararbeiten haben ganz unterschiedliche Prüfungsfragen und auch die Art der Prüfung und Darstellung variiert dadurch. Es gibt eine Vielzahl von unterschiedlichen Fragestellungen und Prüfungskonstellationen, so dass hier nicht auf Einzelfälle eingegangen werden kann. Vielmehr dient dieses Kapitel dazu, Ihnen einen Überblick über die Arbeitsweise und die Bearbeitung solcher Aufgaben zu verschaffen.

Themenarbeiten sind **wissenschaftliche Texte**, die der Erörterung bestimmter abstrakter juristischer Probleme dienen. Wenn das Thema Ihrer Arbeit Sie nicht dazu zwingt, stringent etwa die Tatbestandsmerkmale von Normen zu prüfen – woraus sich dann der rote Faden Ihrer Arbeit ergibt – sind Sie frei darin, die Themenarbeit so aufzubauen, wie Sie es für richtig halten. Betrachten Sie dies bitte als etwas Positives und scheuen Sie sich nicht vor dieser Aufgabe.

Zuerst müssen Sie genau wie bei der Hausarbeit und bei der Klausur das **Thema erfassen**. Dies geschieht nicht allein durch mehrmaliges Lesen, sondern vollzieht sich in mehreren Schritten. Es ist hilfreich, wenn Sie sich Fragen hinsichtlich Ihres Themas stellen. In diesem Stadium können Sie sich nur durch Fragen Ihrem Thema annähern. Bitte betrachten Sie diesen Schritt als Brainstorming. Erst einmal können Sie alle Gedanken chaotisch und unsortiert zu Papier bringen. Im zweiten Schritt werden Sie sich strukturierter an die Themeneingrenzung begeben.

Mögliche Fragen:

- Was soll ich bearbeiten?
- Welche Frage soll ich beantworten?
- Worum geht es inhaltlich?
- Habe ich ein Gesetz, einen bestimmten oder mehrere Paragraphen und ihr Zusammenspiel zu prüfen?
- Ist der geschichtliche oder soziologische Hintergrund wichtig?
- Warum ist es wichtig, diese Frage zu beantworten?
- Was könnte mein Ergebnis sein?

Diese Fragen sind nicht als abschließend zu verstehen. Sie sollen vielmehr einen Gedankenanstoß geben. Über diese Fragestellungen können Sie Ihre Prüfungsaufgabe analysieren.

Als nächstes müssen Sie Ihr **Thema eingrenzen**. Das erfolgt in drei Schritten, die aufeinander aufbauen. Zunächst überlegen und notieren Sie sich Ihre eigenen Gedanken und Ihre eigene Erwartungshaltung an die Beantwortung Ihrer Prüfungsaufgaben:

Eigene Erwartungshaltung:

- Was will ich über das Thema wissen?
- Was finde ich an diesem Thema besonders interessant, spannend, erzählungswürdig oder interpretationswürdig?
- Welche Fragen und Probleme sehe ich und welche davon will ich beantworten oder welche Probleme möchte ich klären.

Im zweiten Schritt überlegen und notieren Sie sich, was ein Jurist an Ihrem Thema diskussionswürdig findet. **Welche Fragen würde sich ein Jurist stellen?** Diese Fragen müssen Sie nicht sofort beantworten können. Vielmehr werden Sie diese Fragen erst endgültig beantworten können, nachdem Sie die erste Literatur gesichtet und sich einen groben Überblick verschafft haben. Vorab reicht es meist, sich hierzu einige Fragen zu notieren, die Sie sich im Verlauf Ihrer weiteren Bearbeitung immer wieder vor Augen führen. Die Fragestellung verändern und verfeinern Sie mit Hilfe des bei der Themenarbeit erworbenen Wissens immer weiter. Genau wie in einer Hausarbeit müssen Sie immer wieder eine Leistungskontrolle durchführen und den Verlauf Ihrer Arbeit anhand Ihres Themas neu bestimmen.

Erwartungshaltung eines Juristen:

- Wofür würde sich ein Jurist interessieren?
- Welchen Aspekt des Themas hält ein Jurist für diskussionswürdig (in Abgrenzung zu einem Soziologen, Ökonomen etc.)
- Gibt es einschlägige Rechtsprechung? Wie wird das Thema in der Rechtsprechung und Lehre diskutiert?
- Gab es kürzlich eine Gesetzesänderung? Steht eine Gesetzesänderung an?

Im **dritten Schritt** untersuchen Sie den Kontext Ihrer Arbeit. Die unterschiedlichen Prüfungsaufgaben, die von Ihrem Seminarleiter ausgeteilt werden, bauen meist aufeinander auf oder sind inhaltlich miteinander verknüpft. Daher ist es wichtig, sich einen Gesamtüberblick über die verteilten Prüfungsaufgaben zu verschaffen, um für sich wertvolle Informationen zu sammeln. Wie ist die Erwartungshaltung Ihres Prüfers? Die Literaturangaben oder Lösungsansätze, die Ihnen Ihr Prüfer mitteilt, sind besonders zu beachten und aufschlussreich!

Erwartungshaltung des Prüfers:

- Was könnte meinen Prüfer interessieren? Hat sich mein Prüfer über den Inhalt und den Umfang der Prüfungsaufgabe bereits geäußert? Oder kann ich diesbezüglich Rücksprache mit ihm halten?
- Welchen Inhalt und welche Ausrichtung haben die anderen Themen, die mein Prüfer vergeben hat? Ist dadurch eine bestimmte Richtung, Schwerpunktsetzung oder Wertung erkennbar?
- In welchem Kontext soll ich einen Paragraphen überprüfen (Anwendung, geschichtliche Entwicklung etc.)?

Ich empfehle Ihnen, dass Sie für diese Einzelschritte ein jeweils eigenes Blatt verwenden. So behalten Sie leicht den Überblick. Wichtig ist, dass Sie die Antworten auf diese Fragen nicht sofort wissen müssen, sondern im Verlauf Ihrer Bearbeitung immer wieder bearbeiten und dadurch nach und nach beantworten.

Es gibt verschiedene Typen von Themen- bzw. Seminararbeiten:

- → Überblicksarbeiten
- → Dogmatische Arbeiten
- → Historische Arbeiten
- → Rechtsvergleichende Arbeiten
- → „Journalistische“ Arbeiten
- → Undogmatische Arbeiten
- → Rechtshistorische Exegese

Einen vertieften Einblick erhalten Sie in „Juristische Themenarbeiten“, eine Anleitung für Klausur und Hausarbeit im Schwerpunktbereich, Seminar- und wissenschaftliche Abschlussarbeit von Schimmel/ Weinert/ Basak, 2007 C.F. Müller.

8.4.3 Recherchearbeit und Materialbeschaffung

Hinsichtlich der zu verwendenden **Literaturquellen** verweise ich auf meine Ausführungen im Kapitel 7. „Hausarbeitentechnik“.

Bei der **Literaturrecherche** ist es wichtig, strukturiert vorzugehen. Anfangen sollte man grundsätzlich mit der Lektüre des Gesetzestextes, des Inhaltsverzeichnisses des Gesetzes und der Gesetzessystematik. Stellen Sie sich auch immer die Frage, ob es sich um ein aktuelles Gesetz handelt und ob Gesetzesänderungen anstehen oder gerade umgesetzt wurden. Handelt es sich um ein älteres Gesetz? Diese Frage ist interessant für die Zielorientierung Ihrer Arbeit. Sollten Sie ältere Gesetze oder Gesetzesänderungen suchen, so werden Sie im Internet fündig. Insbesondere die Seite des Bundesjustizministeriums oder des jeweiligen Landesjustizministeriums bieten hier umfangreiche Informationen. Ebenso können Sie über das Bundesgesetzblatt die Begründungen eines Gesetzes recherchieren.

- ➜ http://bundesrecht.juris.de
- ➜ www.bundesgesetzblatt.de
- ➜ www.justiz.de
- ➜ www.bundesgerichtshof.de
- ➜ www.bundesverfassungsgericht.de
- ➜ www.bundesarbeitsgericht.de
- ➜ www.bmj.de (Bundesjustizministerium)
- ➜ www.bundesanzeiger.de
- ➜ www.destatis.de

Nachdem das Gesetz herangezogen wurde, kann die Suche nach weiterer Literatur wie z.B. Lehrbücher, Kommentare oder Aufsätze beginnen. Wichtig ist, dass Sie sich zunächst einen Überblick über die Literatur verschaffen. Das erreichen Sie dadurch, dass Sie nicht nur Lehrbücher zu Hilfe nehmen, sondern sich auch frühzeitig den entsprechenden weiterführenden Literaturquellen widmen. Hilfreich kann auch eine Recherche bei Wikipedia sein.

Sie werden feststellen, dass Sie bei einer Themen- bzw. Seminararbeit anders suchen, als bei einer Hausarbeit. Bei einer Hausarbeit fangen Sie bereits zu Beginn sehr systematisch an, d.h. Sie beginnen mit einem Kurzlehrbuch und Kurzkommentar. Erst danach vertiefen Sie sich immer weiter in die größeren und umfangreicheren Werke. Bei der Themen- bzw. Seminararbeit beginnen Sie sehr breit gefächert mit der Literaturrecherche. Es gibt Aufgabenstellungen, die für Sie so schwammig und kaum greifbar sind, dass Sie sämtliche Quellen in Betracht ziehen müssen, die Ihnen einen Hinweis auf den Umfang Ihrer Arbeit gewähren können. Dies ist beispielsweise bei „journalistischen" Arbeiten der Fall. Denn hier sollen Sie zu einem aktuellen Problem etwas schreiben.

Beispiele:

- Durchsetzung der Entscheidung der Bundesregierung, den Kraftstoff E 10 flächendeckend zu verkaufen
- Bildung und Strukturierung einer Berufsarmee
- Nachträgliche Sicherungsverwahrung

In allen Fällen müssen Sie sich erst einen vertieften Einblick in das Problem verschaffen. Das heißt, dass Sie sämtliche Nachrichtenquellen im Internet anzapfen müssen, um sich einen genauen Überblick über das Thema zu verschaffen. Sie werden daher „journalistisch" tätig. Erst wenn genügend Informationen über den Sachverhalt vorliegen, können Sie sich der weiteren Recherchetätigkeit widmen. Diese Recherche orientiert sich im wesentlichen an Ihren Antworten, die Sie sich selbst für Ihre Themeneingrenzung gegeben haben. Sollten Sie auf diese Weise keine geeigneten Stichworte gefunden haben, die Ihnen bei der Literaturrecherche helfen, können Sie eine weitere Übung machen.

Übung

- Formulieren Sie Ihre Verben in Hauptwörter, d.h. Substantive um. Das erhöht die Trefferquote.
- Wenn Sie zu viele Treffer haben, verwenden Sie mehr Suchbegriffe.
- Wenn Sie zu wenige Treffer haben, verwenden Sie weniger oder andere Suchbegriffe.
- Wenn Sie keine Treffer haben, müssen Sie nach Synonymen suchen, bzw. Fremdwörter in deutsche Wörter übersetzen. Hilfreich kann ein Buch über Synoyme und Antonyme sein.
- Bei google können Sie auf „Erweiterte Suche" klicken. Dort können Sie auswählen, welche Ergebnisse gefunden werden sollen, z.B. Ergebnisse mit allen Wörtern, mit der genauen Wortgruppe, mit irgendeinem der Wörter oder ohne die von Ihnen verwendeten Suchbegriffe.
- Innerhalb eines Textes können Sie nach bestimmten Wörtern suchen. Gehen Sie hierzu in der Symbolleiste auf Bearbeiten und dann auf Suchen. Oder Sie können die Tastenkombination „Strg" und gleichzeitig „f" drücken.

8.4.4 Strukturierung der bisherigen Ergebnisse

Sie müssen Ihre Arbeit strukturieren. Zu Anfang Ihrer Arbeit muss die endgültige Struktur noch nicht vorliegen. Diese entwickeln Sie im Verlauf Ihrer Arbeit. Wichtig ist, dass Sie mit einer Reihenfolge, d.h. einem möglichen „roten Faden" beginnen. Sie werden diesen „roten Faden" im Verlauf Ihrer Arbeit immer weiter verfeinern und verbessern. Verbessern kann man die festgelegte Reihenfolge, indem man ihre Struktur und die dazugehörigen Ausführungen immer wieder auf Ihre Genauigkeit, logische Schlüssigkeit und Richtigkeit hin überprüft und verbessert.

Hilfreich bei der Erstellung der Gliederung ist die Verwendung:

- eines wissenschaftlichen Journals
- eines Clusters
- eines Strukturbaumes
- eines Analogierades
- einer Mind-Map

Nähere Ausführungen hierzu finden Sie im bereits erwähnten Ratgeber „Von der Idee zum Text" von Helga Essselborn-Krumbiegel.

Betrachten Sie Ihre Prüfungsaufgabe immer aus der **Perspektive des Juristen**. Die Beleuchtung der Prüfungsaufgabe aus Sicht eines Ökonomen, eines Psychologen oder eines Politikwissenschaftlers mag interessant sein. Sie ist jedoch nicht vom Prüfer gewollt. Es kommt daher nicht darauf an, ob etwa im Rahmen einer Themenarbeit über die „Zulassung eines Volksbegehrens und eines Volksentscheides auf Bundesebene" die Zulassung psychologisch klug wäre im Hinblick auf die anstehende Bundestagswahl oder welche Auswirkungen dies auf die Volkswirtschaft hätte. Der Jurist fragt danach, ob die Zulassung ohne Gesetzesänderungen rechtlich zulässig ist oder ob der Bundestag dies unter Mitwirkung des Bundesrates durch Gesetzesänderung beschließen müsste, ob eine solche Gesetzesänderung grundgesetzlich zulässig ist, oder ob es dazu erst einer Änderung des Grundgesetzes bedürfte und wenn ja, ob die Grundgesetzänderung selbst zulässig ist.

Lassen Sie sich bei dem Entwurf Ihrer Gliederung von den Gedanken leiten:

- Welches Ziel habe ich?
- Anhand welcher Kriterien kann ich mein Ziel erläutern?

Was ist Ihr **Ziel**? Worum geht es Ihnen bei der Bearbeitung Ihrer Arbeit? Anhand welcher Kriterien wollen Sie dieses Ziel Ihrem Prüfer erklären? Dabei gilt: Je präziser und knapper Sie das Ziel Ihrer Arbeit verbalisieren können, desto klarer sehen Sie. Denn wenn ein Gedanke noch nicht klar und reif ist, kann er auch nur schwammig und undeutlich formuliert werden. Dies ist für Sie eine gute Überprüfungsmöglichkeit, ob Sie Ihre Gedankenführung und Ihre Gedanken zu diesem Thema geklärt haben. Naturgemäß ist dies erst möglich, wenn Sie sich bereits mit der einschlägigen Literatur beschäftigt haben. Sie müssen sich in der weiteren Bearbeitung Ihres Falles entscheiden, welchen Kurs Sie mit Ihrer Arbeit einschlagen wollen.

Der Aufbau Ihrer Arbeit könnte folgendermaßen aussehen:

1. Geltungsbereich der Norm (persönlicher / sachlicher / örtlicher / zeitlicher)
2. Wortlaut
3. Systematik
4. Entstehungsgeschichte
5. Sinn und Zweck des Gesetzes

8.4.5 Text verfassen

Wie Sie einen Text verfassen, haben Sie bereits in den vorangegangenen Kapiteln erfahren. Diese Grundsätze können Sie auch bei der Themen- und Seminararbeit anwenden.

Grundsätzlich gilt:

→ Anhand der Gliederung den Rohtext verfassen.
→ Rohtext immer weiter verbessern und verfeinern.
→ Schlussfassung des Textes mehrfach anhand von Checklisten überprüfen.

Wichtig ist, dass Sie sich während des Schreibprozesses eingehend mit Ihrer Argumentation beschäftigen. Was ist eigentlich ein **Argument**? Ein Argument bedeutet **Darstellung oder Beweis**. Wer argumentiert, ist in der Lage, sachlich Kritik zu äußern. Wer argumentiert, kann Zusammenhänge erklären und Voraussagen treffen, sowie das eigene Wissen dadurch erweitern, dass bestimmte Hypothesen widerlegt werden. Wer argumentiert, kann einen kritischen Standpunkt bewahren und mit seiner Kritik u.U. bestimmte Irrtümer und Vorurteile aufbrechen.

Ein Argument,
1. hat einen engen Bezug zur These.
2. belegt die These mit Fakten.
3. ist für den behaupteten Sachverhalt relevant.
4. hält Einwänden gegenüber stand.

Ein Argument dient zur Verteidigung einer These! Bei einer Themen-Seminararbeit sollen Sie im Regelfall ein **Thesenpapier** anfertigen, dass Sie an Ihre Kommilitonen verteilen. Dieses soll die wesentlichen Aussagen Ihres Referats beinhalten. Das Thesenpapier sollte möglichst kurz und präzise sein. Allerdings ist hierbei zu bedenken:„Kürze sollte niemals auf Kosten der Genauigkeit gehen“. (Charles M. De Talleyrand)

Orientieren Sie sich bei der Gestaltung Ihres Thesenpapiers an folgenden Überlegungen:

- Das Thesenpapier soll die wesentlichen Kernaussagen Ihrer Arbeit enthalten.
- Es dient als Grundlage für Diskussionen, sofern diese in Ihrem Seminar vorgesehen sind.
- Die Aussagen sollen kurz und prägnant sein.
- Grundsätzlich nur Stichworte und keine ausformulierten Sätze verwenden.

„Was nicht auf einer einzigen Manuskriptseite zusammengefasst werden kann, ist weder durchdacht noch entscheidungsreif“. (Dwight D. Eisenhower)

8.5 Formalien einer Themen- und Seminararbeit

Die Bestandteile einer Themen- bzw. Seminararbeit sind:
- Deckblatt (mit Themenbenennung)
- Gliederungsverzeichnis
- Literaturverzeichnis (evtl. mit Rechtsprechungsverzeichnis)
- Ausarbeitung

Das **Deckblatt** Ihrer Themen- bzw. Seminararbeit enthält üblicherweise folgende Angaben:
→ Thema der Arbeit

- Bezeichnung des Seminars
- Name des Übungsleiters
- Name und Vorname des Verfassers
- Matrikelnummer
- Angabe des jeweiligen Semesters
- Abgabetermin

Sie finden Beispiele zu Deckblättern in meinem Onlinematerial.

Die **Gliederung** dient dem Seminarleiter dazu, sich einen schnellen ersten Überblick zu verschaffen. Denn im Gegensatz zu einer Hausarbeit weiß der Leser einer Seminararbeit vorher nicht, was ihn erwartet. Daher ist die saubere Formatierung des Inhaltsverzeichnisses besonders wichtig. Es kann sein, dass der Seminarleiter dort ganz gezielt solche Abschnitte nachschlagen wird, die ihn interessieren. Prüfen Sie daher nach dem Ausdrucken zur Sicherheit noch einmal, ob die Seitenzahlen auch wirklich stimmen.

Hinsichtlich der weiteren Formalien einer Themen-Seminararbeit verweise ich auf die Ausführungen im Kapitel Hausarbeitentechnik.

Literaturverzeichnis

Duden: Das Bedeutungswörterbuch, Wortbildung und Wortschatz, Band 10, 4. Aufl., Mannheim 2010.

Esselborn-Krumbiegel, Helga: Leichter lernen. Strategien für Prüfung und Examen, 2. Aufl., Paderborn 2007.

Esselborn-Krumbiegel, Helga: Richtig wissenschaftlich schreiben. Wissenschaftssprache in Regeln und Übungen, Paderborn 2010.

Esselborn-Krumbiegel, Helga: Von der Idee zum Text. Eine Anleitung zum wissenschaftlichen Schreiben, 3. Aufl., Paderborn 2008.

Püschel, Edith: Selbstmanagement und Zeitplanung, Paderborn 2010.

Schimmel, Roland/ Weinert, Mirko/ Basak, Denis: Juristische Themenarbeiten. Eine Anleitung für Klausur und Hausarbeit im Schwerpunktbereich, Seminar- und wissenschaftliche Abschlussarbeit, Heidelberg 2007.

Schneider, Egon: Logik für Juristen. Die Grundlagen der Denklehre und der Rechtsanwendung, 6. Aufl., München 2006.

Wenger, Ruth: Alpha Skills. Effizienter Lesen, Besser Zuhören, Entspannter Arbeiten, Frankfurt/Main 2005.

Register